职业教育汽车服务与营销专业系列教材

U0711173

汽车销售实务

主　编　郑新强　张樱子　陈应孔

副主编　刘潘峰　胡伟衔　罗俊鸿

参　编　陈　芳　孔　博　宋建彬

　　　　昌　雨　黄金娇　关瑞元

主　审　申荣卫

北京理工大学出版社
BEIJING INSTITUTE OF TECHNOLOGY PRESS

内 容 简 介

本书基于汽车销售的工作过程开发，以汽车销售的典型工作任务为载体来组织内容，主要包括客户开发与接待、车辆展示与推介、订单洽谈与成交、车辆交付与跟踪四个项目。每个项目还包含若干个任务。本书理论和实践相结合，工作任务中设置实践活动，培养学生的实践能力。

本书适用于开设汽车营销类专业的职业院校，也可以供汽车技术培训机构使用，同时也可以作为汽车从业人员的学习参考书。

图书在版编目（CIP）数据

汽车销售实务 / 郑新强，张樱子，陈应孔主编 .

北京 : 北京理工大学出版社，2025.1（2025.4 重印）.

ISBN 978-7-5763-4803-3

Ⅰ . F766

中国国家版本馆 CIP 数据核字第 2025NF0738 号

责任编辑: 王晓莉　　**文案编辑:** 王晓莉

责任校对: 刘亚男　　**责任印制:** 施胜娟

出版发行 / 北京理工大学出版社有限责任公司

社　　址 / 北京市丰台区四合庄路 6 号

邮　　编 / 100070

电　　话 /（010）68914026（教材售后服务热线）

　　　　　　（010）63726648（课件资源服务热线）

网　　址 / http://www.bitpress.com.cn

版 印 次 / 2025 年 4 月第 1 版第 2 次印刷

印　　刷 / 定州市新华印刷有限公司

开　　本 / 889 mm × 1194 mm　1/16

印　　张 / 9.5

字　　数 / 190 千字

定　　价 / 38.80 元

前　言

　　本教材以习近平新时代中国特色社会主义思想为指导，贯彻落实党的二十大精神，党的二十大报告指出："全面贯彻党的教育方针，落实立德树人根本任务，培养德智体美劳全面发展的社会主义建设者和接班人。"

　　中国的汽车市场是全世界发展潜力最大的汽车销售市场。据公安部统计，截至2023年12月，全国机动车保有量达4.35亿辆，其中汽车为3.36亿辆。目前，汽车行业的人才需求量剧增，市场对汽车行业人才的要求也越来越高，这导致汽车企业人才缺口也越来越大。权威机构预测，未来三年内汽车销售人才缺口将达80万人。汽车销售人才已成为汽车行业快速、健康发展最需要的资源，汽车企业也将对汽车销售人才展开激烈争夺。

　　本教材基于汽车销售工作过程的方法开发，在深入分析汽车销售企业的销售流程的基础上，以汽车销售的典型工作任务为载体来组织内容，主要包括客户开发与接待、车辆展示与推介、订单洽谈与成交、车辆交付与跟踪四个项目。每个项目还包含若干个任务，每个工作任务包含任务导入、学习目标、知识链接、职场园地、实训准备、任务实训、评价与反思、任务小结、课后习题、拓展阅读等环节。本书有配套的微课，可通过扫描二维码进行观看。

　　本书由东莞理工学校郑新强、张樱子、陈应孔担任主编，由东莞理工学校刘潘峰、胡伟衔、罗俊鸿担任副主编，由天津职业技术师范大学的申荣卫教授担任主审。参与本书编写的还有东莞理工学校的陈芳、孔博，东莞市汽车行业协会的宋建彬，天津职业技术师范大学的昌雨、黄金娇、关瑞元。申荣卫教授在审稿过程中提出了大量宝贵的修改建议，在此表示衷心的感谢。感谢东莞市周通泰汽车贸易有限公司提供的技术及场地支持。

　　本书在编写过程中参考了大量国内外相关著作和文献资料，在此一并向有关作者表示感谢。由于编者水平有限，难免有错漏之处，敬请读者批评指正。

编　者

本课程采用理实一体化的教学模式，针对课程的内容与相应的岗位工作任务和职业能力来设计教学环节。建议教师在应用本书时，以就业为导向、能力为本位的教学为指导思想。教师在教学过程中，要坚持立德树人，将思政内容和职业素养能力的培养融入专业技能的培养过程。同时注重实用性、系统性和先进性的结合，以促进学生未来的可持续发展。

一、教学分析

本课程重点讲解"汽车营销"技能大赛相关考核知识点，并设计相应的实践活动，建议学时分配如下表所示。

序号	项目	任务	实践活动	赛证知识点	参考学时	
					理论	实践
1	项目一：客户开发与接待	任务一：潜客开发	活动一：网络客户开发；活动二：老客户关怀＋转介绍	潜在客户的开发渠道；潜在客户的分类；潜在客户的信息管理；正确使用电话礼仪、规范用语邀请客户到店	2	2
		任务二：售前准备	活动一：展车准备；活动二：仪容、仪表、仪态准备	汽车销售仪容、仪表、仪态的要求；展厅销售准备——场地准备	2	2
		任务三：展厅接待	活动一：展厅接待流程；活动二：顾问式需求分析提问演练	展厅接待技巧；需求分析的目的；需求分析的方法与技巧；能利用5W2H需求分析法获取客户购车需求	2	2
2	项目二：车辆展示与推介	任务一：产品介绍	活动一：六方位绕车介绍；活动二：客户异议处理	六方位绕车介绍法；FAB法	2	2
		任务二：试乘试驾	活动一：试乘试驾邀约；活动二：试乘试驾流程	—	2	2

序号	项目	任务	实践活动	赛证知识点	参考学时 理论	参考学时 实践
3	项目三：订单洽谈与成交	任务一：保险推荐	活动一：保险方案推荐流程；活动二：保险方案推荐异议处理	4S 店代理的优势；汽车保险方案及推荐	2	2
		任务二：金融推荐	活动一：金融政策介绍；活动二：金融方案推荐流程	汽车金融产品种类；合理推荐金融产品；汽车消费信贷业务办理流程	2	2
		任务三：报价签约	活动一：报价签约流程；活动二：报价签约异议处理	报价方法和技巧；报价签约流程；精品业务	2	2
4	项目四：车辆交付与跟踪	任务一：交车验车	活动一：PDI；活动二：车辆交付流程	车辆交付流程	2	2
		任务二：售后跟踪	活动一：售后跟踪关怀	客户回访要点；定期回访的时间安排及内容	2	2
合计					40	

二、教学分组建议

本课程采用理论与实践相结合的教学方式，实践操作的过程可以培养学生精益求精的工匠精神及吃苦耐劳的精神。

（1）学生分组进行团队合作学习，5~6 人分成一组，实训以小组为单位，每组确定一名组长。

（2）组长组织本组同学按照实践活动要求进行实践演练，小组成员进行分工。

（3）小组成员角色轮换。

（4）小组组长和其他观摩人员为实践演练者评分，并提出相应改进意见。

（5）教师对学生活动进行点评。

三、教学目标

总体目标：坚持立德树人，主要为汽车销售企业培养德、智、体、美、劳全面发展，具有扎实的文化基础、良好的服务意识、顽强的吃苦耐劳精神，具备一定创新、创业能力，来从事汽车销售、汽车保险、汽车金融服务等工作的高素质劳动者和技术、技能型人才。

知识目标：了解汽车销售的基本流程，掌握客户开发与接待、车辆展示与推介、订单洽谈与成交、车辆交付与跟踪等工作的相关知识，熟练掌握处理客户异议的技巧和方法。

技能目标：按照汽车售后服务企业的要求，规范开展客户开发与接待、车辆展示与推介、订单洽谈与成交、车辆交付与跟踪等工作。

素质目标：课程学习过程中对学生品格进行塑造，使其具有一定的应变能力、信息收集和处理能力，形成良好的职业素养。培养学生的爱国情怀、职业操守、团队合作精神、工匠精神，使其能够成为行业栋梁、销售精英。

四、重点、难点分析

项目一：客户开发与接待	重点：展车准备
	难点：需求分析流程
项目二：车辆展示与推介	重点：六方位绕车介绍
	难点：客户异议处理
项目三：订单洽谈与成交	重点：保险方案推荐流程
	难点：保险方案推荐异议处理
项目四：车辆交付与跟踪	重点：车辆交付流程
	难点：售后跟踪异议处理

五、教学环境建议

本课程建议在理实一体化教室进行，理实一体化教室按照汽车销售大厅的格局进行布置，包括理论教学区、讨论区、客户接待区、车辆展示区、收银台、精品展示区等。

六、教学设计

1. 教学模式

本课程采用理实一体化教学模式，理论讲授和实践活动有机融合，以小组形式开展实践活动。教学过程中以行动导向六步法为宏观教学法，各过程融合讲授法、任务法、头脑风暴法、案例法、角色扮演法等方法，充分调动学生学习的积极性。

2. 教学活动设计

为便于组织实践教学，各任务设计 2~3 个实践活动，教师按照各实践活动的要求，组织学生开展活动演练。实践活动中有具体的活动内容布置或者话术，并配置了相应的评价表，便于开展学生自评、互评和教师评价。

目 录

项目一　客户开发与接待 ······· 1

　　任务一　潜客开发 ········· 1

　　任务二　售前准备 ········· 14

　　任务三　展厅接待 ········· 33

项目二　车辆展示与推介 ······· 49

　　任务一　产品介绍 ········· 49

　　任务二　试乘试驾 ········· 64

项目三　订单洽谈与成交 ······· 76

　　任务一　保险推荐 ········· 76

　　任务二　金融推荐 ········· 94

　　任务三　报价签约 ········· 104

项目四　车辆交付与跟踪 ··· 117

　　任务一　交车验车 ··· 117

　　任务二　售后跟踪 ··· 131

参考文献 ··· 142

项目一

客户开发与接待

任务一　潜客开发

📝 **任务导入**

　　李先生多次在网络平台上浏览比亚迪秦 PLUS 2023 款冠军版 DM-i 120KM 卓越型汽车，并多次对比其他竞品车型的汽车，最终在网络平台上留下了个人信息。如果你作为销售顾问，应该如何完成李先生这样潜在客户的开发？

📝 **学习目标**

知识目标：

（1）了解潜在客户的开发方法；

（2）熟悉潜在客户信息的收集与管理方法；

（3）掌握潜在客户的跟踪流程。

技能目标：

（1）能正确查询潜在客户信息，维护好客户关系，及时评估客户意愿；

（2）能有效邀约潜在客户到店，仔细与客户沟通，获取客户的关键信息；

（3）能规范运用电话礼仪接听电话，邀约客户到店看车。

素质目标：

（1）能在实践活动中养成规范自己行为的意识和习惯；

（2）能在小组活动中提高团队互助、共同解决问题的能力；

（3）能在客户跟进的过程中磨炼自己的耐心与韧性，树立正确的价值观。

📝 知识链接

一、潜在客户的基本概念

1. 客户分类

根据客户的购买意图和购买情况，可以把客户分成四类：潜在客户、有望客户、战败客户、基盘客户。

潜在客户：是指那些还没有使用过产品，但有购买某些产品或服务的需要、有购买能力、有购买决策权、对产品提供的功能有需求的客户。

有望客户：是指已经接触产品，但尚未购买汽车的客户。

战败客户：是指已经接触产品，但购买其他品牌汽车的客户。

基盘客户：是指在经销店有过购买和服务经历，并且有一定品牌忠诚度的客户。

2. MAN 法则

MAN 法则可引导销售顾问去发现潜在客户的支付能力、决策权力和现实需要。在销售顾问收集的潜在客户名单中，有很大一部分不是真正的潜在客户。要想提高销售效率，就必须练就能准确判断真正潜在客户的本领，以免浪费大量的时间、精力和财力。潜在客户应该具备 3 个条件：有需求、有购买能力、有购买决策权。判断是否为潜在客户，一般遵循 MAN 法则：

M（Money）代表"金钱"，该对象必须有一定的购买能力；

A（Authority）代表"购买决策权"，该对象对购买行为有决定、建议或反对的权利；

N（Need）代表"需求"，该对象对产品或服务有需求。

潜在客户应该具备以上特征，但在实际操作中会出现下列的组合状况，实际应根据具体状况进行操作，如表 1-1 所示。

表 1-1　潜在客户的组合状况

序号	购车能力	购车决策权	购车需求
1	M（有）	A（有）	N（有）
2	M（有）	A（有）	n（无）
3	M（有）	a（无）	N（有）
4	m（无）	A（有）	N（有）
5	M（有）	a（无）	n（无）
6	m（无）	A（有）	n（无）
7	m（无）	a（无）	N（有）
8	m（无）	a（无）	n（无）

（1）M+A+N：是有望客户，是理想的销售对象。

（2）M+A+n：可以接触，配上熟练的销售技术，有成功的可能性。

（3）M+a+N：可以接触，并设法找到具有决策权的人。

（4）m+A+N：可以接触，需调查其状况、信用条件等给予融资。

（5）M+a+n：可以接触，应长期观察、培养，使之具备购车能力以外的两个条件。

（6）m+A+n：可以接触，应长期观察、培养，使之具备购车决策权以外的两个条件。

（7）m+a+N：可以接触，应长期观察、培养，使之具备购车需求以外的两个条件。

（8）m+a+n：非潜在客户，停止接触。

由此可见，在潜在客户缺乏某一条件（如购车能力、购车决策权或购车需求）的情况下，仍然可以开发，只要使用适当的策略，便能使其成为新客户。

二、潜在客户的开发渠道

要将汽车成功销售出去，首先要找到客户。在准备销售之前，开发准客户是最难的工作，特别是对于刚刚投入销售行业的销售新人而言。因此，作为一名合格的销售顾问，要从各种渠道了解潜在客户，并进行主动联络，才能更加精准地找到潜在客户。汽车4S店潜在客户的开发渠道主要有以下几个，如图1-1所示。

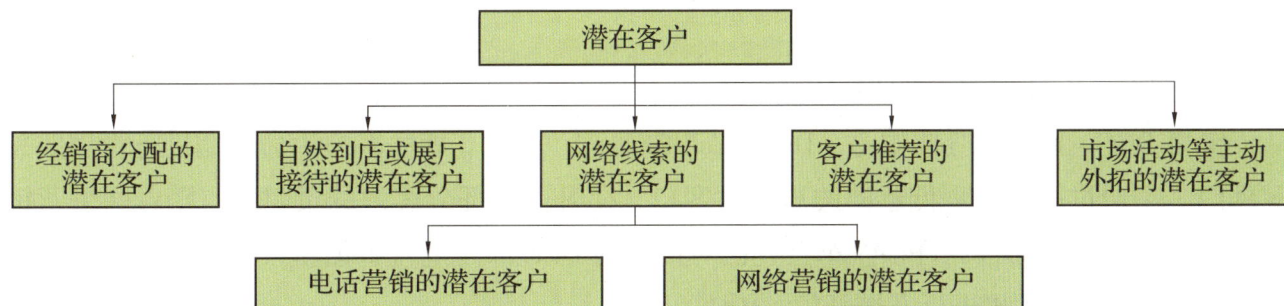

图 1-1　潜在客户的开发渠道

1. 经销商分配的潜在客户

汽车经销商的客户数据管理系统（DMS）是一个庞大的客户数据库，包含所有在经销店办理车辆相关业务的客户。数据库中的客户可分为潜在客户和基盘客户，基盘客户是指在经销店有过购买和服务经历，并且有一定品牌忠诚度的客户。通过对基盘客户的分析、管理与维系，能够从中开发出潜在客户，实现基盘客户的再开发。

2. 自然到店或展厅接待的潜在客户

自然到店是指没有经过预约主动进到店内了解意向车辆的客户，针对自然到店的客户，店内销售顾问要及时对客户的信息进行登记，在与客户洽谈时，了解客户的需要，解答客户关于车辆的疑惑，为进一步的跟踪回访奠定基础。

不同 4S 店的"来访客户登记表"略有不同，但关键信息大同小异，如表 1-2 所示。

表 1-2 来访客户登记表

年　月　日　　　　　　　　　　　　　　　　　　　　　　　　　　　　销售经理：

序号	日期	客户姓名	手机号码	意向车型/车色	来店时间	离店时间	客户信息来源	销售顾问	备注
1									
2									
3									
客户信息来源：①报纸；②电台；③电视；④网络；⑤户外广告；⑥其他									

填表说明：

（1）当客户进入展厅，礼貌向客户问好后，应指引客户到销售前台填写"来访客户登记表"；

（2）注意"客户姓名""手机号码""来店时间""离店时间""备注"是必填项；不填资料也要对客户来店的相关情况进行填写登记；

（3）"意向车型/车色"是指客户来店欲购的车型，为进一步洽谈提供线索；

（4）"来店时间""离店时间"是指客户进店到离店的时间区间，通过时间区间的长短可以判断客户对购车的意向程度，并为下一次黄金回访作铺垫；

（5）"备注"中主要阐述接待人员与客户交谈的情形，注意把握关键信息，简明扼要地填写。

3. 网络线索的潜在客户

1）销售 DCC 的潜在客户

销售 DCC，即直接呼叫中心（Direct Call Center），是对非展厅客户生命周期进行管理的关键部门。它通过高效管理低意向的非展厅客户，提升了这部分客户的贡献度。随着网络营销与电话营销的紧密结合，许多汽车企业已对传统的 DCC 部门进行了创新，将其与网络营销部门融合，形成了互联网电话营销部门（IDCC）。

DCC 的业务流程包括线索获取、线索筛选、客户邀约及展厅接待四个环节，分别由网络营销专员、电话营销专员、销售顾问和前台接待四个岗位协同完成。在这一流程中，销售专员需展现出专业素养，赢得客户信任，并记录客户信息，最终目的是邀约客户到店，实现销售转化，如图1-2所示。

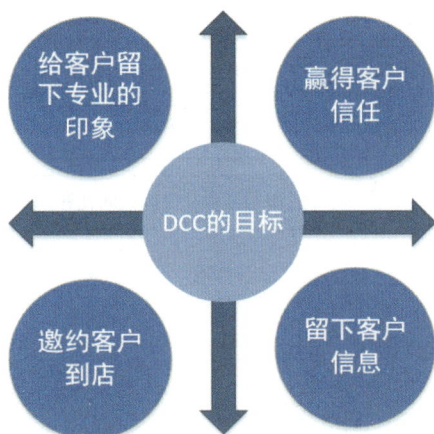

图 1-2　DCC 的目标

2）网商的潜在客户

网商的潜在客户则主要来源于各类线上渠道。4S 店会设立专员，快速、准确、专业地回复客户在网络平台上提出的问题和疑虑。这些网络平台包括汽车品牌官网、客户管理系统（CMS）、垂直网站（如易车网、汽车之家等）、电商平台（如车享网、天猫、京东等）以及社交媒体（如微博、抖音、小红书等）。通过网络营销，客户可以体验到品牌的产品及服务，获取促销信息，进而被吸引到 4S 店进行实地了解和购买。此外，销售热线及展外营销活动（如车友会、广告宣传、外展活动等）也是网商潜在客户的重要来源。这些多元化的网络线索渠道，为汽车 4S 店提供了丰富的潜在客户资源，是提升销售业绩的重要途径。网络线索来源与渠道如表1-3所示。

表 1-3　网络线索来源与渠道

客户信息来源	渠道说明
总部线索	汽车品牌官网、客户管理系统（CMS）
垂直网站	易车、汽车之家、太平洋汽车、爱卡汽车网等
电商平台	车享、天猫、京东等
社交媒体	微博、抖音、小红书等
销售热线	展厅热线电话等
展外营销活动	×× 爱车节、车友会、广告宣传、外展活动等

4. 客户推荐的潜在客户

客户推荐又称转介绍客户，转介绍客户是潜客开发的重要途径之一。

案例一：某 4S 店老客户推荐购业务流程，如图1-3所示。

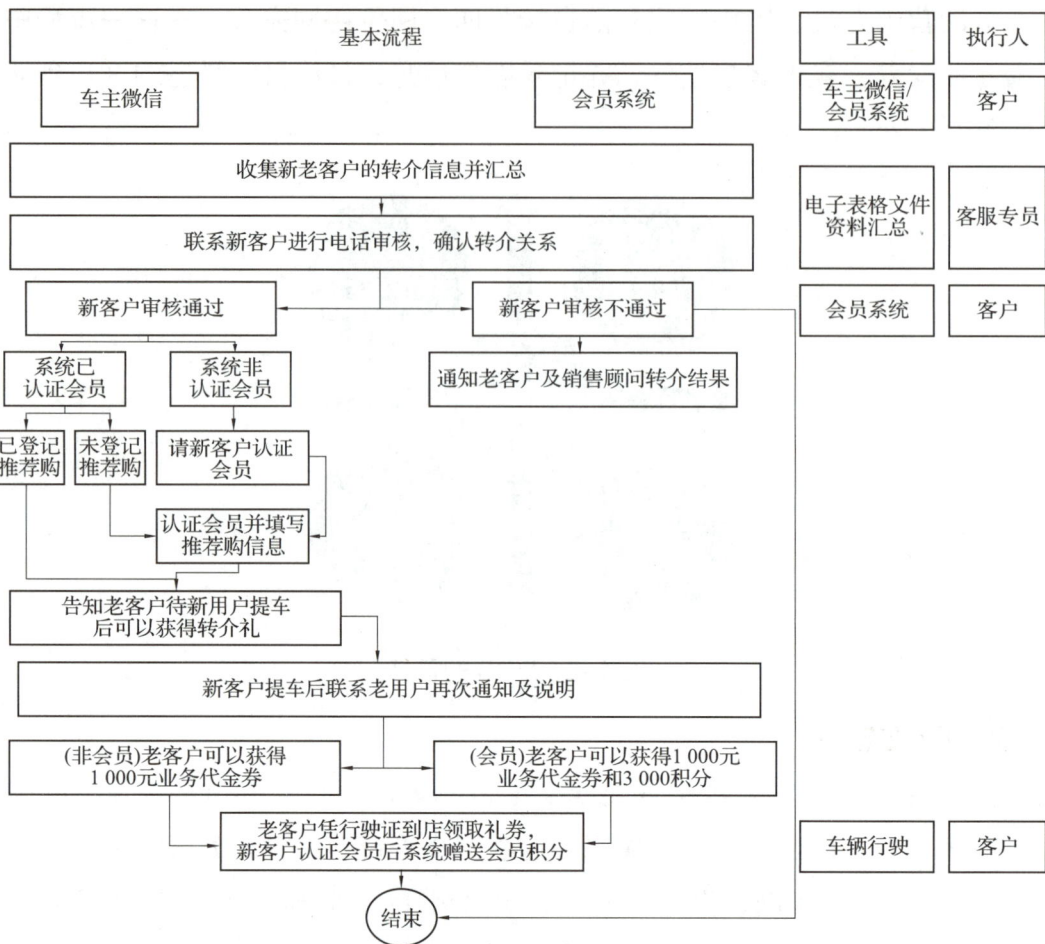

图1-3 某4S店老客户推荐购业务流程

5. 市场活动等主动外拓的潜在客户

除了网络线索的潜在客户与自然到店的潜在客户外，还有一部分需要销售顾问主动开发，并向外拓展受众群体，提高企业知名度。通过车友会、汽车服务节、周年感恩节等活动，采用线上直播与线下固定场所相结合的方式举办活动，增加曝光度，提高品牌效应。

案例二：某4S店直播内容框架如表1-4所示。

表1-4 某4S店直播内容框架

时间	内容	主推亮点	直播取景建议
1分钟	主播人设/福利	品牌介绍； 车型卖点建议：经济性、安全性、舒适性、竞品分析	车是主角，充分展现车； 取景远近适中，构图均衡
3分钟	外观讲解（车头、45°、车侧、后备厢等）		
1分钟	公屏互动		
1分钟	活动政策讲解/引导留资		
2分钟	内饰讲解（中控屏、座椅、天窗等）		
1分钟	公屏互动		
1分钟	活动政策讲解/引导留资		
直播内容建议：10分钟直播循环，期间引导客户留资不少于2次，各个经销店可结合以下内容及主播风格自行撰写直播脚本。			

三、潜在客户信息收集与管理

1. 潜在客户信息收集

潜在客户信息收集主要分为特征信息、偏好信息、商机信息、接触信息四大类内容，构成了完整的潜在客户数据库。通过对潜在客户信息的掌握，可以得到关于客户需求、车辆的特征、变化情况及规律等有价值的信息，更加精准地对潜在客户进行分级，更好地跟踪潜在客户。

2. 潜在客户信息管理

CRM 是一个不断加强与客户交流，不断了解客户需求，并不断对产品及服务进行改进和提高以满足客户需求的连续过程。

四、潜在客户分级管理

1. 客户级别判定方法

为了提高销售的成功率，销售顾问必须对潜在客户进行适当的评估。根据客户意向级别来确定潜在客户。潜在客户虽然都有可能达成交易，但为了获得更大的效益、提高销售业绩，应该将这些潜在客户进行分级管理，以缩短沟通成本、提高销售的有效性。

不同的汽车品牌按照客户意向级别分类稍有不同，如日产、丰田品牌按照客户意向级别不同分为 P0，P1，P2，P3，P4，其客户级别判定与跟踪频率如表 1-5 所示。

表 1-5　客户级别判定与跟踪频率

级别	判定基准	购买周期	客户跟踪频率
P0	购买合同已签订； 全款已交但未提车； 已收定金	预售定金	至少每周进行 1 次维系访问
P1	车型、车色、型号已选定； 已提供付款方式及交车日期； 分期手续进行中； 二手车置换进行处理中	3 日内成交	至少每日进行 1 次维系访问
P2	车型、车色、型号已选定； 已提供付款方式及交车日期； 商谈分期手续； 要求协助处理旧车	3~7 日内成交	至少每 2 日进行 1 次维系访问
P3	已商谈购车条件； 购车时间已确定； 选定下次商谈日期； 再次来看展示车辆； 要求协助处理旧车	7~15 日内成交	至少每 4 日进行 1 次维系访问

级别	判定基准	购买周期	客户跟踪频率
P4	购车时间模糊； 要求协助处理旧车	15日以上的时间成交	至少每周进行1次维系访问

2. 潜在客户的管理

要进行有效的客户管理，就要对客户有充分的了解，并能及时了解客户的各种变化。能够科学地记录、分析、整理、归纳各种相关资料，也就是要建立客户档案，填写客户资料卡，如表1-6所示。

表1-6 客户资料卡

	姓名		日期	
基本信息	公司地址		工作电话	
	私人地址		个人电话	
	职业			
	最佳联系时间			
	影响购买的因素			
	兴趣爱好			
购买需求	车型		特殊选装要求	
	信息来源		交易类型	
	资金来源		竞争对手	
当前车辆	品牌		型号	
	生产年份		注册日期	
	车辆状态		里程	
	车牌照			
补充信息				
交易失败信息				
销售顾问				
日期	联系报告		下次联系	

五、潜在客户跟踪方式

从与客户的第一次接洽开始直至成功销售，销售顾问要紧密跟进客户，发现客户的疑惑点，解决客户的现实问题，增强客户的购买信心。一般的客户跟进方式有短信邀约、电话邀约、来电接听、社交软件邀约和展厅约见等。

1. 短信邀约

短信的特点是既能及时、有效地传递信息，又不需要接收者立即做出回答，对接收者打扰很少，非常"含蓄"，更符合中国人的心理特征。发短信形式多样，有短信提醒、短信通知、短信问候等，这些形式的优势在于保证对方一定能收到，即"有效传播"，但是也容易被拦截和删除等。

2. 电话邀约

打电话是最常用的客户跟进方式之一。打电话是为了获得更多的客户需求和信息。电话邀约的目的是借助试乘试驾、市场活动等，引发客户的兴趣，让客户到店来体验汽车产品，增加产品的曝光度，增加销售的机会，如图1-4所示。

图1-4 电话邀约

3. 来电接听

电话邀约是营销专员主动与客户联系，来电接听是客户对经销店有一定接受度和认可。对销售顾问来讲，接听电话是一门学问，也是增进沟通的一座桥梁。好的沟通礼仪、沟通方式能增强客户的好感度。因此在接听电话时，要注意接听礼仪，态度要热情，语气要和善，声音要洪亮，并应及时、认真地对待客户的诉求。

4. 社交软件邀约

互联网时代，客户邀约更具有时代性，社交软件包括微信、QQ、抖音直播等。抖音直播邀约客户到店是互联网发展下的新兴邀约方式。在短视频、直播行业盛行的时代，踩着时代的浪花进行客户邀约是非常明智的选择。

5. 展厅约见

如果客户愿意预约来到展厅，就表明客户本人对此款车型有了相当强的购买意愿。展厅约见的基本内容包括新车型到店；客户中意的颜色到店；新配置车型到店；邀请参与试乘试驾；店内促销活动邀请等。

除此之外，还有发传真、电子邮件、寄送邮件和上门拜访等方式，运用多种方式对潜在客户实行跟进，将其转化为基盘客户。

职场园地

计划与安排——目标计划

在潜客开发任务中，应该明确销售目标，根据客户的重要性和紧急性，制订相应的计划和目标，合理安排时间和资源，确保高价值客户的开发和维护，具体流程如下。

1. 设定明确的销售目标：制订具体的销售目标和计划，如设定潜在客户的数量、转化率、跟进频率等；进一步将目标分解成为可执行的小目标。

2. 制订潜客开发策略：设计有效的潜客开发策略，如社交媒体营销、电话拜访等；根据目标群体的特点，选择合适的渠道和方式进行潜客开发。

3. 制订跟进计划：对潜在客户进行分类，制订不同的跟进计划；设定跟进的时间节点和方式，确保及时、有效地与潜在客户保持联系。

4. 持续优化和改进：定期分析潜在客户的开发效果，找出存在的问题和改进的空间，并根据分析结果，调整潜客开发策略和计划，提高效率和转化率。

✎ 实训准备

（1）场地准备：汽车营销仿真实训室。

（2）物品准备：笔、笔记本、活动过程话术、客户资料卡、邀约电话等。

（3）人员分工：5~6 人 / 组。

（4）工作计划如下。

①学生 5~6 人分为一组，实训时以小组为单位，每组确定一名组长。

②组长组织本组同学按照下面实践活动要求进行实践演练，小组成员合理分工。

③小组成员角色轮换。

④小组组长和其他观摩人员为实践演练者评分并提出改进意见。

⑤教师对学生活动进行点评。

老客户关怀 +
转介绍

✎ 任务实训

（1）实践活动一：网络客户开发。

活动名称	网络客户开发		
班级		组号	
活动目的	网络客户是 4S 店潜在客户来源之一，开发潜在客户并进行有效管理，是销售顾问的基本素质和技能。通过该情境的实际演练，销售顾问要学会独立开发客户并且邀约到店，并掌握一定的潜客开发方法		
活动情境描述	李先生是一位金融行业的理财顾问，曾在汽车之家平台留下个人信息，想了解一下比亚迪秦 PLUS 2023 款冠军版 DM-i 120KM 卓越型。作为该店的销售顾问，应该怎么做		
活动过程话术	肖 ×× ：您好！我是比亚迪特许经销商的销售顾问肖 ×× ，请问您是李先生吗？ 李先生：您好！请问有什么事吗？ 肖 ×× ：李先生，打扰您了，我通过公司账号看到您在汽车之家平台留下了您的个人信息，想了解一下比亚迪秦 PLUS 2023 款冠军版 DM-i 120KM 卓越型，想问一下您现在还在关注吗？ 李先生：在关注，我是一直在网上了解的，这款车现在什么优惠？		

活动过程话术	肖 ××：感谢您对比亚迪的支持，现在您关注的这款冠军版 DM-i 120KM 卓越型是我们厂家主推的车型，优惠方面也是力度最大的！李先生，因为您是在网上关注比较多，相信您一定很想体验一下这款车的全车性能，刚好这个周六是比亚迪秦 PLUS 2023 款冠军版 DM-i 120KM 卓越型的专题试驾会，小肖在此代表公司邀请您和家人一起到店试乘试驾，您看周六上午 10 点有时间吗？ 李先生：周六上午？我看一下，嗯，要不周六下午 2 点吧。 肖 ××：好的，李先生，那我们约好周六下午 2 点比亚迪秦 PLUS 2023 款冠军版 DM-i 120KM 卓越型试乘试驾。您在网上留的地址是东莞松山湖对吗？稍后我会通过信息把我们店的详细地址和我的电话号码发送给您，麻烦您留意一下信息。 李先生：好的，谢谢。 肖 ××：不客气，李先生，为了试乘试驾更顺利，请您记得带上驾驶证。 李先生：好，驾驶证随身带。 肖 ××：感谢您的配合，李先生，还有什么可以帮到您的吗？ 李先生：暂时没有了，谢谢。 肖 ××：好的，谢谢您的电话接听。祝您生活愉快，再见

（2）实践活动二：老客户关怀 + 转介绍。

活动名称	老客户关怀 + 转介绍		
班级		组号	
活动目的	潜在客户的开发除了向外拓展，也可以向内挖掘。如何关怀与维系老客户是销售顾问的基本素质和技能。通过该情境的实际演练，销售顾问要学会关怀老客户，掌握一定的关怀方法，熟悉专业话术，提高转介绍成功率		
活动情境描述	2023 年是宋 PLUS 上市两周年，你所在的 4S 店举办了纪念活动，活动当天，老客户可驾驶比亚迪王朝系列车型的汽车到现场领取纪念礼品一份，介绍新客户成交的老客户，可赠送常规保养一次。于是，销售顾问给自己的忠实老客户林先生致电关怀并进行活动邀请和介绍		
活动过程话术	张 ××：林先生，您好！我是比亚迪王朝 ×× 特许经销商的销售顾问张 ××，最近车子用得还顺利吗？ 林先生：谢谢关心，车子挺不错的，准备做两万千米的保养了。 张 ××：林先生，您用车还是挺多的，由此可见，您的生意做得很顺利呀！既然车子准备做保养了，我也刚好有个好消息要告诉您。 张 ××：2023 年是宋 PLUS 上市两周年，厂家联合我们经销商在本月推出大型巡展活动，您是我们的忠实客户，活动当天，只要您和您的爱车一起到达活动现场，我们就送精美礼品一份，先到先得哦。另外，如果您身边有亲戚、朋友打算购买比亚迪的任何一款车型，只要成交，我们再送您一次保养。这样，您这次两万千米的保养费用也就省下来了。您说是不是好消息呀？ 林先生：确实不错！刚好我也有空。我还有一个同事也喜欢宋 PLUS，我就顺便带他去你那里看看，但是，你要给到足够的优惠哦！ 张 ××：您放心，林先生。那我稍后把我们活动的信息通过微信发送给您，我这边就先帮您登记下来。我们 10 月 15 日上午 10 点见，好吗？ 林先生：好的，谢谢你，小张。 张 ××：不客气，林先生，先不打扰您了。记得留意活动信息，再见。 林先生：好的，再见		

✏️ **评价与反思**

（1）实践活动评价表一：网络客户开发。

班级		组号			
序号	评分要点	配分	个人评分	组长评分	教师评分
1	准备笔记本和笔，并放在电话旁	5			
2	拨打电话使用礼貌用语，吐字清晰、声音洪亮	5			
3	自我介绍（自报公司、岗位、姓名等）	10			
4	确认客户身份并说明致电意图	10			
5	准确说出客户意向车辆信息	10			
6	使用活动亮点成功邀约客户到店	10			
7	与客户确认到店时间，并登记到店人数	10			
8	告知客户详细地址，发送销售顾问联系方式	10			
9	礼貌结束语，确认客户已挂断，再放下听筒	5			
10	正确理解并记录关键信息	5			
11	当客户回答目前没有关注这款车后，灵活运用话术重新激起客户关注	10			
12	与客户预约时间时，切勿含糊不清，需与客户确定准确时间点	10			
合计		100	总成绩：		

（2）实践活动评价表二：老客户关怀＋转介绍。

班级		组号			
序号	评分要点	配分	个人评分	组长评分	教师评分
1	熟悉店内"老带新"活动话术，了解近期客户车辆使用信息	10			
2	准备笔记本和笔，并放在电话旁	5			
3	拨打电话使用礼貌用语，吐字清晰、声音洪亮	5			
4	与客户寒暄，告知店内活动，拉近彼此距离	10			
5	详细介绍"老带新"活动信息，灵活使用活动话术	10			
6	倾听客户回复，随机应变	10			
7	成功邀约客户到店，并将活动详情发送至客户手机	10			
8	与客户确认来店时间，并登记到店人数	10			
9	礼貌结束语，确认客户已挂断，再放下听筒	5			
10	正确理解并记录客户信息	5			
11	在与老客户沟通前，先对客户以往车辆使用情况大致了解，提前找准寒暄切入点	10			
12	与客户确定来店时间时，精确到具体时间点	10			
合计		100	总成绩：		

（3）如果潜在客户表现出不耐烦的情绪，如何进行下一步的沟通？

（4）如果与潜在客户电话交流时不小心说错了话，应该怎样处理才能化解尴尬？

📝 任务小结

（1）潜在客户是指那些还没有使用过产品，但有购买某些产品或服务的需要、有购买能力、有购买决策权、对产品提供的功能有所需求的客户。通过 MAN 法则可以精准判断潜在客户，并采取相应的策略进行潜客开发。

（2）潜在客户的开发渠道主要有经销商分配、自然到店或展厅接待、网络线索、客户推荐、市场活动等主动外拓的潜在客户这五种。

（3）潜在客户信息的收集主要分为特征信息、偏好信息、商机信息、接触信息四大类内容。对信息进行收集、整合、完善和存档四个流程，构成了完整的潜在客户数据库。

📝 课后习题

一、选择题

1. 为提高销售顾问的工作效率，在进行潜在客户管理时可以采用的方法是（　　）。

A. 采用 MAN 法则，对客户进行分级管理　　B. 把精力集中在购买潜力大的客户身上

C. 尽量与所有的潜在客户保持联系　　D. 根据客户的来店次数决定其购买潜力

2. 当客户初次来店时，销售顾问的首要目的是（　　）。

A. 实现交易　　B. 提供技术咨询

C. 实现沟通，取得客户的信任　　D. 端茶送水，热情接待

二、判断题

1. 忠诚的客户一定是满意的客户。（　　）

2. 潜在客户信息管理分为信息收集、信息审核、信息完善三个部分。（　　）

3. 对潜在客户进行分级管理，是为了更好地跟踪意向客户，提高成交率。（　　）

4. 在潜客开发中，只需要确定目标计划，就能完成客户的开发。（　　）

5. 第一汽车制造厂是在 1949 年 10 月 1 日建立的。（　　）

🚗 拓展阅读

秉情怀　➔　强技术　➔　争创新

不受百炼，难以成钢的家国情怀

——回忆艰难创建阶段（1949—1965 年）

中国汽车工业从无到有的发展历史，既隐藏着人类认识自然、改造自然的艰辛探索与不懈实践，也包括国家民族盛衰兴亡的奥义和文明传承赓续的密码。回顾发展历史，让我

们深切感受到发展历程的艰辛、民族国家繁华进步的来之不易、党的领导的英明果敢。

老一辈汽车人，为中国汽车牵肠挂肚，并付出了大半生，他们牵挂的不仅是一份事业，更是国家的未来。作为新一代的汽车人，我们应当继往开来，从身边做起，从第一个潜客开发的任务开始，也应当奋勇拼搏、默默坚守，继承一代又一代汽车人奋勇不息的精神，为中国成为汽车强国燃情筑梦。

🛞 拓展提升

请扫描二维码了解相关内容。

【不受百炼，难以成钢】家国情怀——回忆艰难创建阶段（1949~1965 年）。

任务二　售前准备 ②

✏️ 任务导入

销售顾问接到客户预约到店电话，李先生将在上午 9 点来展厅看比亚迪秦 PLUS 2023 款冠军版 DM-i 120KM 卓越型这款汽车。俗话说得好，凡事预则立，不预则废。想一想，如果你作为销售顾问，需要为展厅接待做哪些准备工作？

✏️ 学习目标

知识目标：

（1）了解 4S 店汽车销售展厅的布置形式；

（2）熟悉销售顾问在销售环节中应具备的基本礼仪；

（3）熟悉电话邀约的礼仪规范和常用话术。

技能目标：

（1）能正确布置展厅，营造出宾至如归的氛围；

（2）能结合展车检查标准表对展车进行检查；

（3）能灵活地运用商务礼仪，在销售过程中服务好客户，留下好印象。

素质目标：

（1）能在实践活动中养成规范自己行为的意识和习惯；

（2）能在小组活动中提高团队互助、共同解决问题的能力；

（3）能在客户跟进中磨炼自己的耐心与韧性，树立正确的价值观。

✏ **知识链接**

一、汽车销售流程 》

　　规范汽车的销售流程，提升销售顾问的营销技能和客户满意度。各汽车品牌（经销商一般执行整车厂的标准流程）的汽车销售流程各个环节略有不同，但整体过程大同小异。作为销售顾问应该熟悉了解每一个销售环节，才能更好地提高销售成功率。汽车销售流程一般包括集客活动、客户接待、需求分析、商品说明、试乘试驾、报价说明、车辆交付、售后跟踪8个环节，如图1-5所示。

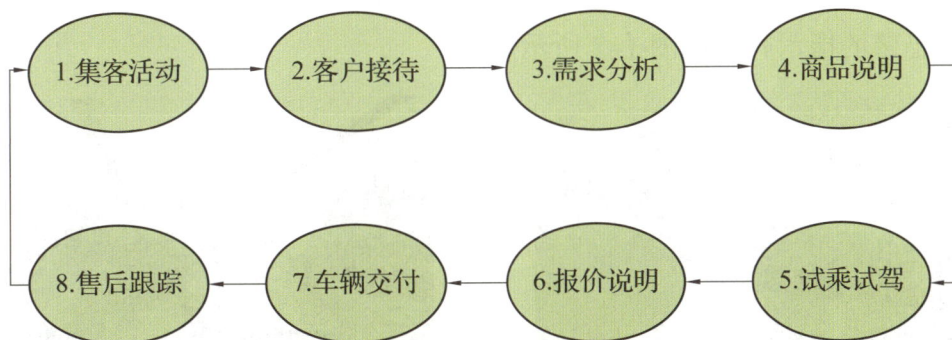

图1-5　汽车销售流程

二、展厅销售准备——场地准备 》

　　展厅销售准备是汽车销售流程中的一个重要环节，也是后续实质性谈判的前奏。在实际的汽车销售流程中，展厅销售准备可分为场地准备，车辆知识准备，销售顾问自我（仪容、仪表、仪态）准备三个方面。多方面营造出规范、有秩序的店内氛围，能够给客户留下一个深刻的印象，即让客户对公司有一个专业化、高品质服务的感知。

1. 销售工具准备

　　"工欲善其事，必先利其器。"调查表明，销售顾问在拜访客户时，利用销售工具可以降低 50% 的劳动成本，提高 10% 的成功率。具体的销售工具如表 1-7 所示。

表 1-7　销售工具

序号	项目	主要工具
1	工具表格	展厅来店（电）客户登记表、有望客户管理卡、有望客户级别月度管控卡、产品参数卡、产品装备表、产品价目表、洽谈卡、月计划分析表、需求分析评估表、试乘试驾协议书、总报价表、新车订单协议、车险解决方案表、保费报价表、库存表单等
2	资料	公司介绍材料、品牌介绍、车型介绍彩页、竞品资料信息、媒体报道剪辑、客户档案资料、特约店内部通信录、售后服务基本信息、增值服务介绍资料、最新销售和售后促销信息等
3	其他	公文包、名片（夹）、计算器、打火机、便签、笔、地图、纸巾、小礼品等

2. 展厅布置准备

　　展厅外部的主体构造物一般为品牌图腾柱，包括主标识牌、图腾标识、旗帜、徽章、服务指示牌等，另外还包括试乘试驾车辆专区，如图 1-6 所示。

　　展厅内部必须遵循品牌形象相关标准，展厅的地面、桌椅、沙发、茶几、内外墙面、玻璃墙、幕墙等应干净整洁，无杂乱饰品。为方便客户，展厅各功能区、服务区的出入口须有规范、醒目、温馨的指示牌，如图 1-7 所示。

图 1-6　展厅外部

图 1-7　展厅内部

　　不同品牌汽车销售展厅的布置总体要求及功能大致相同，只是细节有所不同，不同功能区具有不同的要求和布置。

1）展厅内布置——展厅迎宾台

　　展厅入口处地面铺设写有"欢迎光临"字样的地毯，雨雪天放置"小心地滑"的指示牌。展厅一般设立迎宾台，迎宾台应备有"来店（电）客户登记表"，及时记录客户信息，如图 1-8 所示。

2）展厅内布置——展厅销售接待台

展厅销售接待台一般设立在展厅入口处正对面。背景墙品牌 Logo 应醒目、规范，有客户接待指示标志，接待台面放有各种辅助接待工具及设备。整个购车环境清新舒畅，让客户心情愉悦放松，如图 1-9 所示。

图 1-8　展厅迎宾台

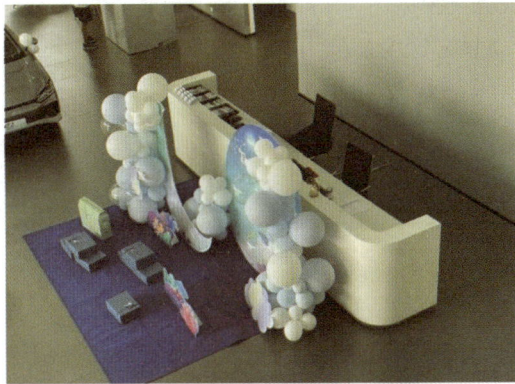

图 1-9　展厅销售接待台

3）展厅内布置——展车区

展车一般放置在展厅的左右两侧，但可根据品牌特色、店内活动等灵活摆放。展车旁放置车型信息架，展示展车的技术参数和配置，满足客户需要，自然激发客户对汽车产品消费的向往，展车区如图 1-10 所示。展车间距离一般大于 1.5 米，留给客户一定的活动空间。

图 1-10　展车区

4）展厅内布置——销售洽谈区

销售洽谈区一般设置在展车中间，让客户有一种被包围的尊贵感，如图 1-11 所示。销售洽谈区应配有印有品牌 Logo 的纸巾及相应宣传资料。遵循"真诚"和"人情味"对待客户的信息交流原则，营造一个舒适、温馨的洽谈空间，让客户感到宾至如归。

5）展厅内布置——客户休息区

客户休息区一般设置在展车左侧或右侧，单独设有独立的空间。客户休息区内设立休闲娱乐设施，供应饮料、茶水和小吃，让客户度过愉快、舒适的休息、等待时光，如图 1-12 所示。部分品牌客户休息区会设有一面透明玻璃墙，透过玻璃墙可以清晰地看到爱车的维修情况和步骤，充分体现了对人性交互的重视。

图 1-11　销售洽谈区

图 1-12　客户休息区

6）展厅内布置——销售办公区

销售办公区一般设置在展厅二楼，是销售顾问的办公场所，如图 1-13 所示。在这里应该让客户感受到汽车经销商规范的经营管理及工作人员良好的工作风貌。

7）展厅内布置——儿童娱乐区

根据展厅合理布局，因地制宜地设置儿童娱乐区，最好具备读写、绘画、拼图等基本功能，供儿童休闲娱乐，以确保带儿童的客户专心购车，如图 1-14 所示。

图 1-13　销售办公区

图 1-14　儿童娱乐区

8）展厅内布置——品牌文化展示区

品牌文化的呈现形式一般是通过大屏幕播放宣传片，或者是将各项奖杯、奖项、所获荣誉证书陈列出来，摆放在显著的墙壁上。品牌文化展示区可陈列蕴含汽车品牌文化和历史底蕴，展示各个时期发展历程的经典宣传图片、视频等，还可人性化地为客户展示各种汽车组件，以及汽车的精湛工艺，如图 1-15 所示。

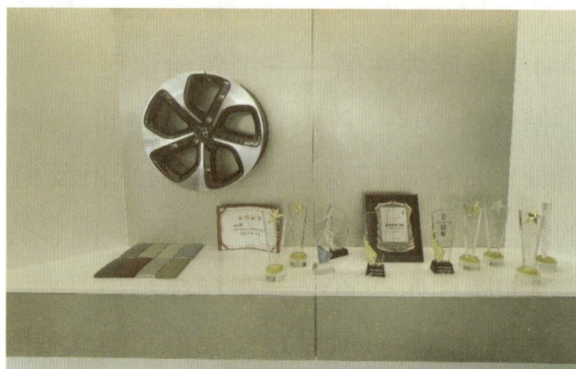

图 1-15　品牌文化展示区

9）展厅内布置——新车交付区

新车交付区一般设置在汽车经销店外，可根据品牌特色进行布置，突出仪式感和品牌关怀，如图 1-16 所示。新车交付区设置的目的是让客户购车之后，在这里享受到热诚、独特的交车仪式，让客户真正体会到汽车经销商和工作人员的关爱，不仅能够满足客户对汽车产品功能上的需求，还能使其感受到汽车经销商的规范、专业及热情的服务。

10）展厅内布置——售后服务区

售后服务区一般设置在汽车经销店门口左侧或右侧，目前大多数汽车经销商都采用了开放式的互动售后服务区。如图 1-17 所示，客户从售后服务中心可以直接进入售后服务区，办理保养、维修等服务。汽车经销商可以对客户进行分流指引，节约客户的时间成本。

图 1-16　新车交付区

图 1-17　售后服务中心

11）展厅内布置——二手车置换区

二手车置换区（见图 1-18）一般设置在售后服务区附近，便于有需求的客户咨询业务。二手车置换是指客户将闲置的保有车辆变卖，再额外弥补新车差价，用于购买新车的业务。一般品牌汽车经销店的置换业务会给予相应的置换补贴，使客户闲置的车辆价值最大化。通过旧车折现，冲抵购买新车的费用，使客户感到便捷和专业的服务。

12）展厅内布置——收银区

收银区一般设置在汽车经销店的出口或入口附近，对店内客户提供结账服务，如图 1-19 所示。这是客户在店内享受的最后服务项目，客户在支付时，工作人员应将可支付方式、支付金额、积分抵扣费用等信息告知客户，使客户体会到专业、规范的操作流程。

图 1-18　二手车置换区

图 1-19　收银区

13）展厅内布置——其他

在展厅中应根据不同车型及经营的业务需要，布置相应的商品宣传资料及产品广告，如海报横幅、背景板、展架、资料架、地贴等，充分展示品牌文化，提供客户至上的优质服务，保证客户方便、快捷地了解车辆，更好地满足客户需求。

3. 展车准备

汽车销售顾问的销售对象泛指展车。在汽车销售环节中，展车外观、展车内部的准备工作是整个销售流程的重点。汽车销售顾问应掌握展车检查标准的核心内容并认真实施。

1）展车准备——展车外观准备

放在展厅内的展车外观应清洁、光亮，展车的金属镶条、风窗玻璃及门窗玻璃保持光洁；展车的前后车牌保持清洁；展车轮胎下方垫有阻挡块；展车功能正常，前座车窗降下，天窗开启；展车充分充电，以利于展示用电设施；展车不得上锁，钥匙一律取下，通常由展厅值班主管统一保管。

2）展车准备——展车内部准备

展车内不得放置任何宣传物品及私人物品，座椅都调整至标准位置，内放置清洁专用的脚踏垫（不得使用纸制品）。

各项电器设施（如时钟与音响）应使用正常，将转向盘调整至最高位置，座椅头枕调整至最低位置，前排座椅椅背位置对齐 B 柱。

发动机舱内部可见部分、行李舱内部保持洁净，随车物品摆放整齐。

3）展车准备——展车总体检查

展车的摆放要符合品牌要求，展车轮毂上若带有品牌 Logo，则应保持 Logo 平整，同时需要除去展车的内饰塑料保护膜，展车要定期进行清理及打蜡处理，内外部应该始终保持清洁，风窗玻璃和门窗玻璃保持干净、明亮。展车检查标准如表 1-8 所示。

表 1-8　展车检查标准

序号	项目	序号	项目
1	展车车身无划痕、凹陷	8	车顶干净、无灰尘
2	车身漆面整洁、光亮、无手纹	9	展车内专用地毯干净、无异味
3	玻璃内外侧擦拭干净，无手纹或水痕	10	行李舱干净、整洁、无杂物
4	车身外饰及各种装饰条干净无损、车型标识牌整洁	11	发动机舱保持干净、无灰尘
5	轮胎导水槽整洁、无石子，轮毂干净，轮胎打过轮胎蜡，有阻挡块	12	展车蓄电池均有电，各项电器设施使用正常
6	内轮毂清洁、无灰尘	13	展车都配有车贴牌，保证车贴牌干净、整齐
7	内饰、仪表板、座椅干净	14	展车每周至少启动一次

三、展厅销售准备——车辆知识准备

1. 汽车产品知识

客户在完整的汽车采购过程中，销售顾问所需的汽车产品知识归纳为三个方面：商务交易知识、产品技术知识及客户利益知识。

下面以比亚迪秦 PLUS 2023 款冠军版 DM-i 120KM 卓越型为例，介绍一下作为销售顾问应该了解的产品技术知识，如表 1-9 所示。

表 1-9　比亚迪秦 PLUS 2023 款冠军版 DM-i 120KM 卓越型产品技术知识

五大颠覆技术	
快	零百加速度 7.3 秒，相当于 30 万级 2.0T 高功率车型的水准，绝对是 A 级轿车领域的顶尖实力，有实力也更有担当，在比亚迪的理念当中，速度从来不是飙车的底气，而是关键时刻避险的能力，所以零百加速度 7.3 秒，更是一项安全守护
省	首次实现油电同价，颠覆燃油，100 千米亏电油耗为 3.8 升[①]，仅为传统燃油汽车的一半。从客户实际使用反馈来看，有很多客户开到 3.2 升，更有客户开到 3 升以下，满油满电的续航里程也远超官方的 1 245 千米，如今越来越多的客户开始聚焦综合用车成本，作为超级混动的首发车型，秦 PLUS 2023 款冠军版 DM-i 120KM 卓越型绝对是这个领域的佼佼者，从售价、税费、维修、能耗、残值及保险 6 个方面测算综合使用成本，对比燃油汽车，秦 PLUS 2023 款冠军版 DM-i 120KM 卓越型可以做到 5 年省 5 万元、10 年省 1 台车，如果行驶以纯电为主，还能省更多
静	纯电车带来的静谧，让车主远离燃油汽车常见的嘈杂，混动模式下，动力总成的声音也远远小于同级别燃油汽车，噪声、振动、声振粗糙度（NVH）性能优越
顺	电子混合动力系统（EHS）替代传统变速结构，整车加速无顿挫，一气呵成，纵享丝滑。这在燃油汽车上是难以想象的
绿	一方面，秦 PLUS 2023 款冠军版 DM-i 120KM 卓越型一直上绿牌，可油可电，多场景适用。短途用电，120 千米的纯电续航覆盖绝大多数通勤场景，充电一次，通勤一周。长途混动，超长续航，畅行无忧。 另一方面，新能源节能环保是大势所趋，越来越多消费者开始接受新能源，2022 年新能源汽车的渗透率高达 26.3%，并且还在持续上升

2. 汽车销售知识

优秀的汽车销售顾问不仅应具备专业的汽车基础知识，还应具备丰富的汽车金融知识，包括按揭、新车上牌、保险、精品、延保、二手车置换等汽车销售增值业务知识，以及汽车行业信息、热点新闻、法律常识等，这些知识可以有效拉近销售顾问与客户之间的距离，实现销售顾问与客户的顺畅交流。

---

① 　1 升 =0.001 立方米。

四、展厅销售准备——销售顾问自我（仪容、仪表、仪态）准备

想要给客户留下好的第一印象，可以适当使用一些技巧，从仪容、仪表、仪态着手，培养自身的职业修养和内涵。

1. 仪容

在展厅销售中，销售顾问能否赢得客户的尊重和好感，能否得到客户的肯定与赞许，先入为主的第一印象非常关键。女销售顾问一般要求化淡妆；男销售顾问应保持干净、清爽，胡须一天一刮，更好地展现自身人格魅力。

2. 仪表

第一印象决定了客户与销售顾问的交谈能否继续，仪表则塑造了销售顾问的整体形象，还反映出了销售顾问的精神风貌。

个人着装的四原则：

正确的着装，能起到修饰形体、容貌等作用，形成和谐的整体美。销售顾问在注重整体美时要遵循着装四原则，分别是整体性原则、个性原则、整洁原则、TPO 原则，其中 TPO 原则是着装应与时间（Time）、地点（Place）、场合（Occasion）相配的原则。女销售顾问着装示例如图 1-20 所示。

图 1-20 女销售顾问着装示例

一般汽车 4S 店销售顾问在每天晨会前完成仪容、仪表的自检，展厅经理在晨会上根据仪容、仪表检查单进行检查，如表 1-10 所示。

表 1-10 仪容、仪表检查单

面部	男士面部清洁，不蓄须，不留鬓角
	女士面部化淡妆
	牙齿清洁，口腔无异味

续表

发型		男士头发不宜过长或者过短
		女士头发不过肩，过长需挽束，做到前不覆额、侧不过耳，后不及领
手部		保持手和指甲清洁，指甲修剪整齐、不染色
服饰	整体	统一着装、佩戴胸牌（左上方口袋上方 2 厘米处）
		着装上衣长度：手臂自然垂直，双手自然弯曲时，手指第三节正好接触西装上衣末端
		服装表面没有脱线、褶皱、纽扣松脱等现象
	服装	男士西装上扣保持扣紧，最下方的扣子始终不扣
		女士着套裙，裙长至膝盖上方 1 厘米
		外套熨烫平整，着统一浅色衬衫，每日更换且熨烫平整
		衬衫领口可以容纳 2 指伸入，不松不紧
	领带	领带宽度与西装上衣翻领相协调
		男士领带、女士丝巾选择 100% 丝绸面料
	鞋饰	男士穿黑色棉袜，女士穿肤色丝袜
		男士穿黑色系带皮鞋，女士穿黑色船形皮鞋，皮鞋要擦拭干净，鞋跟磨损不严重
	配饰	男士腰间不携带手机或者其他饰物
		女士佩戴的饰物应小巧、精致

３　仪态

仪态是构成第一印象的重要因素。较好的仪态是对销售顾问的基本要求，不经意间展现出的礼仪规范、学识修养更能给客户留下深刻的印象和好的购车体验。

1）举止礼仪

举止礼仪作为行为规范，是中华传统文化的重要组成部分，主要包含站姿、走姿、坐姿和蹲姿。

（1）站姿礼仪。

符合礼仪规范的站姿是培养仪态美的起点，是培养其他优美仪态的基础。站立时，身体端正，挺胸收腹，眼睛平视前方，面带微笑。双臂在体前交叉，右手放于左手上，保持随时可以提供服务的姿势。男士站立时，双腿并拢，上身保持挺直；女士站立时，双脚呈 V 字形，脚尖开度为 50°，膝部与脚后跟均要靠紧。

（2）走姿礼仪。

行走时，身体重心前倾，抬头挺胸，肩部放松，上身正直，眼睛平视前方，面带微笑，两臂自然前后摆动，幅度适中。靠右侧行走，除引领外，保证客户先行。遇到急事或手提重物需要超越他人时，应礼貌征得同意，并表示歉意。多人行走时，注意不要横成一排或勾肩搭背。

（3）坐姿礼仪。

一般从椅子的左侧入座，入座时要轻而缓。坐下时，一般只占座位的 2/3，如坐在软沙发上，则坐在前端。坐下后，上身挺直，身体自然放松，眼睛平视前方，面带微笑。男士两腿自然放松，两膝平行，间距以一掌为宜；女士双腿并拢或交叉，双手交叉放于两腿上，着裙装入座时应先整理裙摆。

（4）蹲姿礼仪。

在展厅销售过程中，当客户坐在展车内听取介绍时，为了表示尊敬，销售顾问应该保持端庄、大方的蹲姿。下蹲时，左脚在前，右脚在后，双腿合力支撑身躯，避免滑倒或摔倒。左右手各放于膝盖附近，挺直上身，抬头并目视前方。下蹲时的高度以双目保持与客户双目等高为佳。女士着裙装时，下蹲前须整理裙摆。

2）社交礼仪

社交礼仪作为一种社交文化，是人们在社会生活中处理人际关系、用来对他人表达友谊和好感的符号。掌握规范的社交礼仪，能为交往创造出和谐、融洽的气氛，可以建立、保持、改善人际关系。一般的社交礼仪有微笑礼仪、握手礼仪、座位排次礼仪、名片礼仪、手势礼仪、注目礼仪、电话礼仪等。

（1）微笑礼仪。

亲切真诚、自然适度的微笑能让客户体会到销售顾问的诚意和友善，进而拉近与客户的距离。标准笑容是嘴角微微上翘，露出上齿的 6~8 颗牙齿，注意要保持牙齿的干净以表示尊重。

（2）握手礼仪。

一般在见面和离别时进行握手。冬季握手应摘下手套，以示尊重对方。一般销售顾问应站着握手，除非生病或特殊场合，但也需欠身握手，以示敬意。在和新客户握手时，应伸出右手，掌心向左，虎口向上，以轻触对方为准（如果男士和女士握手，则男士应轻轻握住女士的手指部分），时间以 1~3 秒为宜，轻轻晃动 1~3 下，并根据双方的熟悉程度确定握手的力度。

（3）座位排次礼仪。

销售顾问拜访客户或有客户来访时，一般客户需上座，陪同亲友依次落座。为了方便客户观察到展车，展厅接待时，应将客户引导到能全面观察到客户感兴趣的展车座位就座。销售顾问是为客户推荐符合其需求的车型，不是在与客户谈判，所以一般销售顾问应坐在客户的右侧位置，并从座椅右侧入座。

（4）名片礼仪。

名片是工作过程中需使用的重要社交工具之一。名片通常具有两个作用：一是表明自己所在的单位；二是表明职务、姓名及责任。接受名片时，必须起身双手接受，认真地看一遍，不要在接受的名片上做标记或来回摆弄；递名片时，下级或拜访者先递名片；互换名片时，应用右手递出自己的名片，用左手接对方的名片。

（5）手势礼仪。

手势可以反映人的修养和性格，因此，销售顾问要注意手势的幅度、使用次数、力度等。手势礼仪在销售过程中主要用来引导来宾、指示方向、介绍商品等。指示性手势语的正确姿势：将右手或左手抬至一定高度，五指并拢，掌心向上，与地面呈 45°，以肘部为轴，朝一定的方向伸出手臂，做出动作时也可配合身体向指示方向前倾，如图 1-21 所示。

图 1-21　指示性手势语

（6）注目礼仪。

当客户离店时，应向远去的客户挥手、微笑、行注目礼，目送客户或车辆消失于视野之外。

（7）电话礼仪。

接电话时，应在电话旁准备好笔记本和笔进行记录，在电话铃响 3 声之内接起，使用礼貌用语，注意听取时间、地点、事由和数字等重要信息，认真记录来电的时间、地点、对象和事件等重要事项。电话中应避免使用对方不能理解的专业术语或简略语，语速也不宜过快。接听电话流程及各流程的基本用语、注意事项如表 1-11 所示。

表 1-11　接听电话流程及各流程的基本用语、注意事项

序号	接听电话流程	基本用语	注意事项
1	拿起电话听筒，告知对方自己的姓名	1. "您好！××汽车 4S 店销售顾问××，很高兴为您服务" 2. 上午 10 点前使用"早上好" 3. 电话铃响 3 声以上的话术："让您久等了，我是××汽车 4S 店的销售顾问××，很高兴为您服务"	1. 电话铃响 3 声之内接起 2. 在电话旁准备好记录用的笔记本和笔 3. 接电话时，不使用"喂" 4. 音量适度，不要过高 5. 告知对方自己的姓名
2	留下对方身份信息	1. "先生/女士，您好！请问怎么称呼" 2. "感谢您的信任与支持"	1. 尽量留下客户的电话和客户的需求信息 2. 如果是客户来电，要表达感谢

序号	接听电话流程	基本用语	注意事项
3	听取对方来电的用意，邀约客户到店	1. "有什么可以帮到您" 2. "您想咨询哪一款车" 3. "您是周六还是周日过来展厅看车"	1. 必要时应记录 2. 谈话时不要离席 3. 简单回答客户的问题，注意要向客户介绍厂家或公司正在进行的促销活动 4. 不要在电话中回答客户所有疑问，尽量邀约客户到店看车、试乘试驾等 5. 如果不能及时回答客户的问题，需要向客户说明，并在10分钟之内回电；如果客户是在线提问，回复的时间是20分钟之内
4	成功邀约，确认来店信息	1. "我是销售顾问××，恭候您的光临" 2. "您当天还有其他人员陪同吗" 3. "我们店的营业时间是8：00—17：30，恭候您的光临"	1. 吐字清晰、语气轻松愉快 2. 让客户知晓自己的姓名、展厅的营业时间 3. 热情欢迎客户到店看车 4. 准确无误地登记客户的到店信息
5	结束语	1. "感谢您的来电，祝您生活愉快" 2. "恭候您的光临"	1. 语气诚恳、态度和蔼 2. 等对方挂断电话后，再将听筒轻轻放回电话机上 3. 电话挂断后，10分钟之内给客户发送来店短信，一般内容如下：尊敬的客户，感谢您的信任与支持！我是××汽车4S店销售顾问××，电话是××。我店的地址为××区××路××号。公交路线×××××，驾车路线×××××，恭候您的光临

　　拨打电话时应考虑通话的时间（对方是否有时间或者方便接听）。应注意确认对方的电话号码、单位、姓名等，以避免打错电话，并提前准备好需要用到的资料、文件等。讲话内容要有次序、简洁明了，注意通话时间不宜过长。拨打电话的流程及各流程的基本用语、注意事项如表1-12所示。

表1-12　拨打电话流程及各流程的基本用语、注意事项

序号	拨打电话流程	基本用语	注意事项
1	提前准备相关资料	确认对方的姓名、电话号码、车牌号码等	1. 查询对方以往的到店记录 2. 在电话旁准备好记录用的笔记本和笔 3. 准备需要的内容，梳理沟通的顺序 4. 准备所需要的相关活动资料、店内活动文件等

续表

序号	拨打电话流程	基本用语	注意事项
2	礼貌问候，告知对方自己的岗位、姓名以及公司	"您好！我是××汽车4S店的销售顾问××"	1.介绍自己的岗位、姓名以及公司 2.音量适度，不要过高 3.注意规范使用礼貌用语
3	核实对方身份信息	"请问是××先生/女士吗"	确认对方身份信息，避免信息错误
4	邀约客户到店	1."今天打电话是想告诉您一个好消息，上次您看中的××车型有现车了" 2."您之前关注的车辆，近期有试乘试驾活动"	1.向对方介绍厂家或公司正在进行的促销活动 2.对时间、地点、数字要准确地传达 3.适当对介绍内容进行总结
5	成功邀约，确认来店时间、人数	1."我们活动是在××月××日上午10点" 2."当天是您一人到店，还是有人陪同，一起帮您登记" 3."稍后添加您微信，您通过一下"	1.准确登记到店人数 2.记录必要的关键信息 3.添加客户微信
6	结束语	1."恭候您的光临" 2."感谢您百忙之中接听我的电话" 3."祝您生活愉快"	1.语气诚恳、态度和蔼 2.等对方挂断电话后，再将听筒轻轻放回电话机上 3.电话挂断后，10分钟之内给客户发送来店短信，一般内容如下：尊敬的客户，感谢您的信任与支持！我是××汽车4S店销售顾问××，电话是×××。我店的地址为××区××路××号。公交路线×××××，驾车路线×××××，恭候您的光临

　　销售顾问长期规范自身仪容、仪表、仪态，逐渐就会形成优良的职业修养。职业修养是以良好的职业道德为导向，将维护公司利益、保障客户利益时刻牢记于心，进而创造出自身最大的价值。

职场园地

计划与安排——高效执行

　　在售前准备过程中，学生可能会面临许多任务和临时情况。为了高效地完成工作，应根据任务的紧急程度和重要性，合理设定优先级。优先处理重要的任务，并在时间允许的情况下，完成其他任务。为了更高效执行工作任务，可以从以下几个方面着手。

1.有效的时间管理：制订合理的工作安排，确保在有限的时间内完成必要的准备工作，避免时间碎片化，可使用工具或待办事项列表来跟踪和管理任务。

2.准备充分的产品知识：深入了解所销售汽车产品的特点、优势、技术规格等，以便能够准确地回答客户疑问，并且不断学习和更新产品知识，以应对市场和技术的不断变化。

3.高效的沟通与协作：与团队成员保持良好的沟通，确保信息的准确传递和任务的高效执行。可使用有效的沟通工具和方法，以提高团队的协作效率。

4.优化工作流程：评估现有的工作流程，识别瓶颈和低效环节，进行优化和改进；可高效运用CRM系统或销售管理软件，以提高工作效率。

实训准备

（1）场地准备：汽车营销仿真实训室。

（2）物品准备：展车。仪容、仪表检查单，展车维护检查表，车辆配置参数表等。

（3）人员分工：5~6人/组。

（4）工作计划如下。

①学生5~6人分为一组，实训时以小组为单位，每组确定一名组长。

②组长组织本组同学按照下面实践活动要求进行实践演练，小组成员合理分工。

③小组成员角色轮换。

④小组组长和其他观摩人员为实践演练者评分，并提出改进意见。

⑤教师对学生活动进行点评。

仪容仪表准备

任务实训

（1）实践活动一：展车准备。

活动名称	展车准备		
班级		组号	
活动目的	4S店的主要销售产品就是展车。通过该情境的实际演练，销售顾问能熟悉展车动态维护的流程，保证展车都处于最佳的展示状态，进而营造出公司专业、规范的氛围		
活动情境描述	某市比亚迪4S店新到店了比亚迪秦PLUS 2023款冠军版DM-i 120KM卓越型，需要放置一辆展车在大厅展示。作为该店的销售顾问，应该怎么办		

<table>
<tr><td rowspan="11">活动过程</td><td colspan="3">请销售顾问根据以下展车维护检查表进行检查，确保展车都处于最佳的展示状态。</td></tr>
<tr><td>序号</td><td colspan="2">项目</td></tr>
<tr><td>1</td><td colspan="2">车身漆面光滑、光亮，无划痕、灰尘、油垢和指纹</td></tr>
<tr><td>2</td><td colspan="2">车身外饰及各种装饰条、车型标识、标牌齐全无损</td></tr>
<tr><td>3</td><td colspan="2">车轮装饰盖上的标识始终处于水平状态</td></tr>
<tr><td>4</td><td colspan="2">展车所有车门锁处于开启状态</td></tr>
<tr><td>5</td><td colspan="2">内饰、仪表板、门护板、座椅、脚垫清洁、无破损</td></tr>
<tr><td>6</td><td colspan="2">各项电器设施使用正常</td></tr>
<tr><td>7</td><td colspan="2">后排座椅处于标准位置</td></tr>
<tr><td>8</td><td colspan="2">展车内无任何杂物</td></tr>
<tr><td>9</td><td colspan="2">行李舱干净、整齐、无杂物</td></tr>
<tr><td>10</td><td colspan="2">发动机舱干净、无灰尘</td></tr>
</table>

（2）实践活动二：仪容、仪表、仪态准备。

活动名称	仪容、仪表、仪态准备		
班级		组号	
活动目的	仪容、仪表是给人留下"第一印象"的主要因素。通过该情境的实际演练，销售顾问应学会正确检查仪容、仪表，给客户营造一种精气神十足的工作状态和精神面貌		
活动情境描述	比亚迪内训师受邀来到某4S店对新员工进行培训。该培训将从仪容、仪表，仪态礼仪和销售工具三个方面展开。作为刚入职的销售顾问，应该怎样才能更快适应岗位		
活动过程	各位同学大家好，我是比亚迪内训师，销售前的准备工作是销售过程中很重要的一部分，将直接关系汽车的成交情况，并直接影响企业的形象建立，乃至品牌的形象建立。那么，汽车销售的准备工作包含哪些内容？ 第一：仪容、仪表。 销售顾问，是品牌形象的延伸。 对男销售顾问的要求如下。 ①汽车销售对男销售顾问头发的要求：男士不留长发，前不过眉，侧不过耳，后不及领，长短适中，干净整洁。 ②汽车销售对男销售顾问面部、手部的要求：男士坚持每天刮胡须，面部整洁、精神饱满；指甲长不超过指尖一毫米，干净整齐。 ③汽车销售对男销售顾问着装的要求：男士衬衣必须打领带，衬衣纽扣要全部扣好，不得完全敞开外衣、卷起裤脚或衣袖。 ④汽车销售对男销售顾问鞋袜的要求：男士上班时只准穿深色皮鞋，禁止穿拖鞋、布鞋、旅游鞋；男士要穿素色袜子，但不得穿白色袜子，不得光脚穿鞋或穿过于花哨的袜子。 ⑤汽车销售对男销售顾问胸牌佩戴的要求：佩戴公司统一制作的胸牌。佩戴时，胸牌须置于上衣左侧兜盖上方中央位置，胸牌下沿与兜盖上线平齐		

活动过程	对女销售顾问的要求如下。 　①汽车销售对女销售顾问头发的要求：头发要整洁，不允许染发，不留奇异的发型，不得披头散发，不戴夸张的头饰。 　②汽车销售对女销售顾问化妆的要求：女士淡妆上岗，自然大方，不浓妆艳抹。口红以红色为主调，不准用深褐色等异色口红。 　③汽车销售对女销售顾问着装的要求：工装经常洗涤并保持平整，不能有皱褶，领口和袖口不能有污垢、汗渍。裤口、袖口不能有破损和毛边，服装尺寸要合体，不能过大或过小。 　④汽车销售对女销售顾问鞋袜的要求：女士穿裙装配穿肉色过膝长筒袜，不准穿其他颜色袜子。可穿高跟皮鞋，鞋跟不能过高，鞋的颜色为黑色、棕色或深蓝色。 　⑤汽车销售对女销售顾问胸牌佩戴的要求与男销售顾问的相同。 第二：仪态礼仪。 　汽车销售顾问的站姿要求是抬头，目视前方，挺胸直腰，肩平。双臂自然下垂，收腹，双腿并拢直立，脚尖分成 V 字形，身体重心放到两脚中间。男士也可两脚分开，比肩略窄，双手合起，放在腹前或背后。 　汽车销售顾问在工作岗位行走的基本要求是目光平视，头正颈直，挺胸收腹，两臂自然下垂前后摆动，前摆向内折约 $35°$、后摆角度不要超过 $15°$，行走时要保持从髋关节带动，身体重心提起，步履稳健。 第三：销售工具。 　销售工具的准备包括销售工具包和展车的准备。销售工具包里面应当统一放置车型价格表、车型宣传单页、报价单、销售政策、金融政策、竞品资料、精品资料、订单合同、计算器和笔等；展车应当摆放整齐，每天定时、定员按照厂家标准进行彻底清洁

✎ 评价与反思

（1）实践活动评价表一：展车准备。

班级		组号			
序号	评分要点	配分	个人评分	组长评分	教师评分
1	检查作业需要的工具设备是否完备	5			
2	检查作业环境是否配备灭火器	5			
3	检查车辆配备是否完备	5			
4	环展车外观一圈，观察车身是否有划痕、污垢	5			
5	车身漆面光滑，无划痕、污垢	5			
6	车身外饰和各种 Logo 齐全无损	5			
7	将轮毂上的品牌 Logo 放平，并在轮胎后方放置轮胎垫	5			
8	展车内各项电器设施均可正常使用	10			
9	展车所有车门锁处于开启状态	10			
10	在展车内部放置专用的脚踏垫	5			
11	前排座椅调至对齐 B 柱，后排座椅调至标准位置	10			

序号	评分要点	配分	个人评分	组长评分	教师评分
12	行李舱干净、整齐、无杂物	5			
13	对发动机舱进行清洁，保证发动机舱内无灰尘、杂物	5			
14	根据任务的紧急性和重要性，合理设定优先级	10			
15	与团队成员互相配合，减少沟通成本	10			
合计		100	总成绩：		

（2）实践活动评价表二：仪容、仪表、仪态准备。

班级			组号			
序号	评分要点		配分	个人评分	组长评分	教师评分
1	精气神十足，面带微笑		5			
2	男士面部保持干净清爽，刮胡须，不留鬓角；女士面部可以稍加修饰，化个淡妆		10			
3	男士发型要注意拿捏分寸，选取合适的发型；女士头发过肩需扎马尾，或是挽束起来		5			
4	保持手和指甲清洁，修剪整齐		5			
5	正确穿着工作制服		10			
6	正确进行电话礼仪，包括打电话、挂电话等		10			
7	佩戴带有品牌 Logo 的胸牌		5			
8	服装表面没有脱线、褶皱、松脱的现象		5			
9	衬衫合身，领口可容纳 2 指伸入		10			
10	适当配饰，注重整体美		10			
11	着装整洁大方、精简干练		5			
12	具备团队合作意识，使用有效的沟通工具和方法		10			
13	有效管理时间，灵活使用工具辅助		10			
合计			100	总成绩：		

（3）在与客户交流期间，发觉自身仪容、仪表不当，应该怎么处理这一突发情况？

（4）在客户咨询车辆产品知识时，发现自己说错了其中某一参数，应该如何处理这一失误？

✏️ 任务小结

（1）汽车销售流程一般包括集客活动、客户接待、需求分析、商品说明、试乘试驾、报价说明、车辆交付、售后跟踪 8 个环节。

（2）在实际的汽车销售流程中，展厅销售准备可分为场地准备、车辆知识准备、销售顾问自我准备三个方面。

（3）场地准备可分为销售工具准备、展厅布置准备、展车准备。

（4）车辆知识准备可分为汽车产品知识和汽车销售知识。

（5）销售顾问自我准备可分为仪容、仪表、仪态。其中，仪容包含发型、面部清洁与适当妆容；仪表包含服饰的得体选择与搭配；仪态包含举止礼仪和社交礼仪。

课后习题

一、选择题

1. 引导客户时，手部动作应为（   ）。

A. 手指半握

B. 手指并拢，与小臂在一条线

C. 手指并拢，手掌向上，整个手臂舒展伸直

D. 手指微张，与小臂形成钝角

2. 递送名片时，应该将名片的文字朝向（   ）。

A. 自己   B. 左手   C. 接受名片者   D. 右手

二、判断题

1. 在销售活动中，男士不可以穿短裤，女士不可以光脚穿凉鞋。（   ）

2. 仪态是一种不说话的语言，在很大程度上反映一个人的素质、修养。（   ）

3. 销售顾问只能等待客户主动伸手握手，才能表达对客户的敬意。（   ）

4. 在售前准备过程中，可能会面临许多任务和临时情况。为了高效地完成工作，应该根据任务的紧急程度和重要性，合理设定优先级。（   ）

5. 在售前准备过程中，要与团队成员保持良好的沟通，确保信息的准确传递和任务的高效执行。（   ）

拓展阅读

秉情怀 → 强技术 → 争创新

劈波斩浪，行稳致远的道路自信

——铭记不断成长阶段（1966—1980 年）

第一汽车制造厂在毛泽东主席的鼓励和期待中，责无旁贷扛起了生产轿车的重任，经过一段艰苦卓绝的创业，长春的汽车车间诞生了中国第一辆轿车，开创了历史先河。随后一座又一座汽车工厂在全国各地开花、拔地而起。中国汽车工业在这一阶段摸索成长，汽车累计生产 163.9 万辆，生产工厂近 200 家，向着多品种、专业化发展。回看走过的路，这些历史成就都源自我们的汽车先辈们，他们始终坚守着道路自信、坚守着对中国特色社会主义道路发展方向和未来命运的自信。

拓展提升

请扫描二维码了解相关内容。

【劈波斩浪，行稳致远】道路自信——铭记不断成长阶段（1966~1980年）。

任务三　展厅接待 3

任务导入

　　李先生夫妇来到展厅，并对展厅中的车辆进行观察，销售顾问热情接待了李先生夫妇。如果你作为销售顾问，如何才能进一步了解李先生夫妇的用车需求？

学习目标

知识目标：

（1）熟悉销售顾问展厅接待流程；

（2）了解需求分析的目的和意义；

（3）掌握需求分析的方法和技巧。

技能目标：

（1）能运用展厅接待技巧，在洽谈过程中分析不同的客户类型，进行有针对性的接待；

（2）能灵活运用5W2H法获取客户的购车需求；

（3）能把握需求分析的方法和技巧，注重接待要点，带给客户良好的购车体验。

素质目标：

（1）能通过实践活动，提高自身人际交往的能力，形成乐观、积极向上的人生态度；

（2）能通过标准、规范的展厅接待流程，规范自身行为，提高自身专业能力；

（3）能通过实践活动，提高自身的职业素养，提升销售服务水平。

📝 知识链接

一、展厅接待

规范的销售接待流程可给客户建立良好的第一印象。客户对购买汽车的过程一定会有心理预设，因此，销售顾问专业、周到且礼貌的接待会满足客户的心理预设，并为客户带来愉快而满意的购车经历，同时能够提高客户的满意度。

1. 展厅接待流程

展厅接待有一套具有普适性的接待流程，不同汽车品牌根据自身品牌形象、服务特色在此基础上进行加工和创造，形成具有品牌特色的服务标准流程。展厅接待流程如图 1-22 所示。

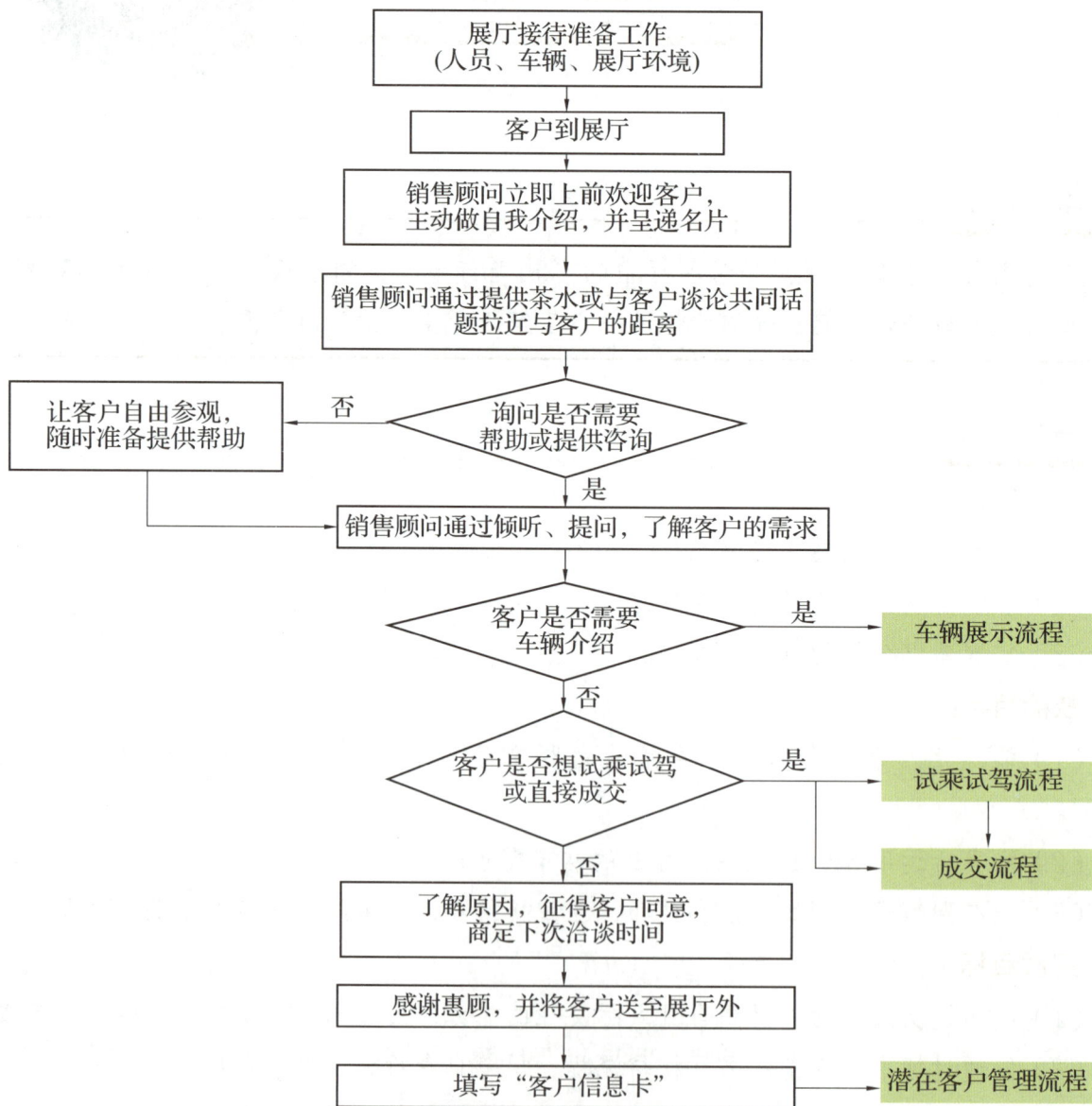

图 1-22 展厅接待流程图

2 ▶ 展厅接待的关键时刻及接待要点

展厅接待覆盖从客户来店到离店的整个过程，展厅接待的关键时刻及接待要点如表1-13所示。

表1-13　展厅接待的关键时刻及接待要点

序号	关键时刻	接待要点
1	客户接待的准备	1. 销售顾问穿着公司指定的工作制服，保持整洁，佩戴胸牌 2. 每日早会，销售顾问互检仪容、仪表和着装规范 3. 销售顾问从办公室进入展厅前，在穿衣镜前自检仪容、仪表和着装规范 4. 每位销售顾问都配有销售工具夹，与客户洽谈时应随身携带 5. 每日早会，销售顾问自检销售工具夹内的资料，及时更新 6. 每日早会设定排班次序，制订排班表 7. 销售顾问在接待台站立接待，值班销售顾问在展厅等候来店客户
2	客户进店时	1. 若客户开车前来，值班保安主动引导客户进入专门停车场停车 2. 值班保安穿着标准制服，对来店客户问候致意，并指引展厅入口 3. 客户来店时，值班销售顾问至展厅门外迎接，点头、微笑、主动招呼客户 4. 销售顾问随身携带名片夹，第一时间介绍自己，并递上名片，询问客户的称呼 5. 销售顾问抬手开启自动门，引导客户进入展厅 6. 经销店的所有员工距离客户3米内都主动问候来店客户（全员参与） 7. 客户若雨天开车前来，则主动拿伞出门迎接客户 8. 销售顾问主动询问客户的来访目的 9. 按客户意愿进行，请客户自由参观，明确告知销售顾问在旁，随叫随到
3	客户自行参观时	1. 与客户保持3~5米的距离，在客户目光所及范围内关注客户的动向和兴趣点 2. 客户表示想问问题时，销售顾问主动趋前询问 3. 客户对车辆有兴趣时，销售顾问主动趋前询问
4	邀请客户入座时	1. 销售顾问向客户提供可选择的免费饮品（3种以上），主动邀请客户就近入座，座位朝向客户感兴趣的车辆，以便其继续观赏 2. 征求客户同意后入座于客户右侧，保持适当的身体距离 3. 关注客户的同行者（不要忽略影响者）
5	客户离店时	1. 提醒客户清点随身携带的物品 2. 销售顾问送客户到展厅门外，感谢客户惠顾，热情欢迎再次来店 3. 微笑、目送客户离去（至少5秒） 4. 值班保安向客户致意道别 5. 若客户开车前来，则陪同客户到车辆边，感谢客户惠顾并道别 6. 值班保安提醒客户道路状况，指引方向 7. 若出口位于交通路口，则值班保安需引导车辆到主要道路上
6	客户离店后	整理客户信息，填写"来店（电）客户登记表"

序号	关键时刻	接待要点
7	满意度电话回访	1. 做好拨打电话前的准备工作，尤其要准备好客户资料和信息 2. 先表明自己的身份，并确认对方身份；标准开场："您好，我是 ×× 汽车 4S 店的销售顾问 ××，是 ×× 先生 / 女士吗？您上次……" 3. 电话结束时，感谢客户接听电话，待对方挂断后再挂电话 4. 记录客户信息和资料

3. 针对不同客户的展厅接待技巧

在客户处于不舒适的心理状态下，销售顾问要想促成交易，必须了解客户的心理状态，分析客户的类型，有针对性地进行接待，从而给客户营造一个舒适区。不同类型客户的接待方式如表 1-14 所示。

表 1-14　不同类型客户的接待方式

客户类型	客户特征	接待方式
顺从型客户	客户对任何事情都表示赞同，无论销售顾问说什么都点头说"是"	对此类客户应大胆直接提问，熟练运用反问式提问，客户会因为反问开始进行思考
权威型客户	客户会认为对汽车的了解比销售顾问多，有意引导对汽车的介绍	对此类客户不能随意打断，让客户自由发言，等到客户的知识盲区时，追问客户准备什么时候提车
社恐型客户	客户会在展厅内左顾右盼，像是在寻找什么，无法安静地停在一个地方；经常摆弄宣传册等其他物件，不敢与销售顾问对视	对此类客户应亲切、慎重地对待，细心观察他们的言行举止，并称赞他们的优点。应该与他们多接触，寻找自己与他们在生活上的共同点，以解除他们的紧张感
沉思型客户	客户稳坐在椅子上思考或远望窗外，一句话也不说，偶尔会以疑问的眼光凝视一处，没有表情	此类客户一般文化程度较高，对汽车行业有所了解，洽谈时应该有礼貌、诚实且不要急于求成，应细心分析客户话语中表达的意思
佛系客户	客户通常会呈现自己买不买都无所谓的姿态，看起来完全不关心汽车相关信息或自己是否喜欢	对此类客户应该激起他们的好奇心，使其对汽车产生兴趣，这样才会让他们乐于聆听汽车介绍
好奇型客户	客户愿意倾听关于汽车的任何介绍，态度恭敬而有礼貌，在听取产品介绍时也会积极发问，而且提问恰到好处	对此类客户应做好详细的汽车介绍，使客户产生兴趣后，促成其购买；也可以用促销活动等激起客户的好奇心
体贴型客户	客户谦恭有礼，会认真聆听销售顾问的话，但是不会理睬过度推销的销售顾问	对此类客户应以绅士的态度展现自己的专业能力，有条不紊地进行汽车介绍，同时把握住分寸，不给客户施加压力

客户类型	客户特征	接待方式
暴躁型客户	客户极易暴躁、易发怒，在销售洽谈中，会呈现坚持己见、不易变通的状况	对此类客户应以亲切的态度接待，不可以与他们争论，留心交谈时的表情，适时提供帮助

4. 客户信息汇总整理

客户离开后，销售顾问应在接待台补充相关信息。客户离开半小时后，销售顾问给客户发送消息，感谢客户到店，留下自己的联系方式，邀约客户再次到店。在"客户信息卡"（见表1-15）中记录客户信息并设定下次跟进日期。

表 1-15　客户信息卡

客户信息卡			
留档日期	年　月　日	意向级别	
客户姓名		留档渠道	电话　进店　外拓
性别		适合车型	
年龄段		外观颜色	
所在地区		现有车型	
主要联系号码		主要竞争车型	
现有交通工具		对比关注	
车辆用途和环境		预计进店时间	
曾考虑的其他车型		购买用途	
计划用车时间		购买性质	
意向加装或精品加装		购车预算	
付款方式		资金准备	
备注			
跟进时间	跟进内容		下次跟进时间
客户特征：			

二、需求分析

1. 客户需求的分类

客户需求可分为显性需求和隐性需求。显性需求是客户知道且愿意说出来的需求，隐性需求是客户知道但不愿意说出来或不容易表达，且内在有需要的需求。隐性需求需要销售顾问去激发，所以销售顾问必须通过各种引导和提问的方式让客户将自己真正的需求表达出来，准确了解客户购买车辆的需求并对其进行排序，以便将自己真正的需求表达出来。

2. 需求分析流程

销售顾问只有对客户进行需求分析，才能有针对性地为客户推荐一款符合客户需求的车型。一般的需求分析流程主要有三个步骤，如图1-23所示。

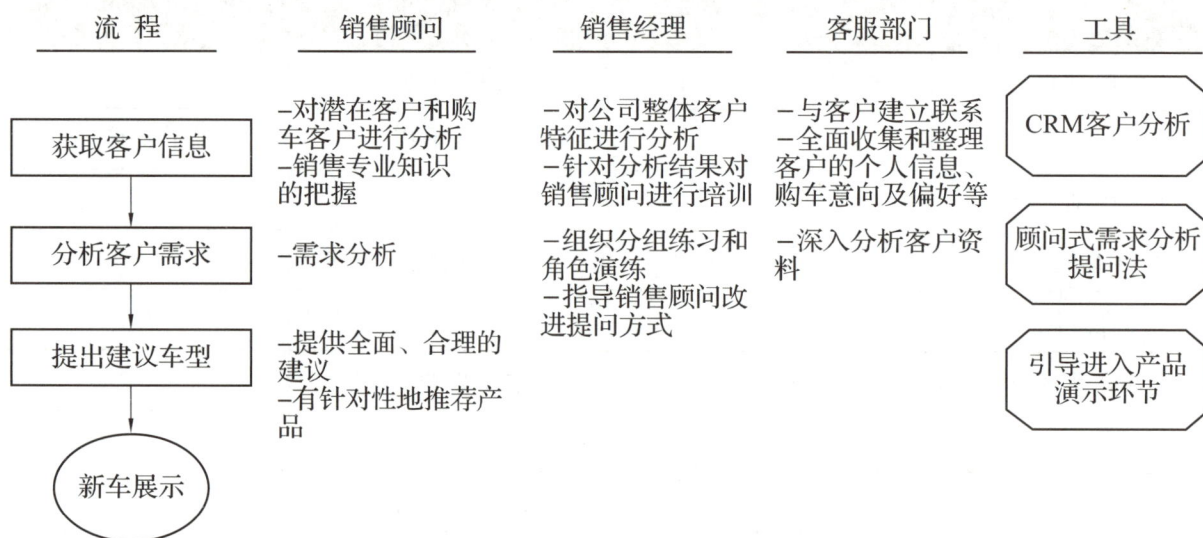

流　程	销售顾问	销售经理	客服部门	工　具
获取客户信息	–对潜在客户和购车客户进行分析 –销售专业知识的把握	–对公司整体客户特征进行分析 –针对分析结果对销售顾问进行培训	–与客户建立联系 –全面收集和整理客户的个人信息、购车意向及偏好等	CRM客户分析
分析客户需求	–需求分析	–组织分组练习和角色演练 –指导销售顾问改进提问方式	–深入分析客户资料	顾问式需求分析提问法
提出建议车型	–提供全面、合理的建议 –有针对性地推荐产品			引导进入产品演示环节
新车展示				

图1-23　需求分析流程

1）获取客户信息

销售顾问通过提问的方式，获取有助于进行客户需求分析的信息，可以从以下几个方面来设计问题，了解客户的真实情况，如表1-16所示。

表1-16　客户基本信息

序号	客户基本信息	序号	客户基本信息
1	购车主体	6	所在地区
2	从事行业	7	个人喜好
3	客户的决策地位	8	以往接触或使用过的品牌
4	收入状况	9	接触之前对产品、经销商的了解情况
5	年龄／性别	10	其他需要调查的情况

2）分析客户需求

获取客户的有效信息后，销售顾问应站在客户的立场上，总结、分析出 3 条购买动机，并获得客户的确认。在与客户沟通的过程中，态度要亲切、友好，回答客户的问题时要准确、自信、充满感染力，并主动给客户提供产品资料，供客户参考。应在恰当的时机请客户进入车内感受，或请客户到洽谈区休息。营造轻松愉快的谈话氛围，使销售顾问需求分析环节顺利进行。

3）提出建议车型

最后就是推荐符合客户需求的车辆，并解释推荐的原因，让客户认同销售顾问推荐的车型能满足其自身的需求，然后根据客户的关注点进行汽车销售的下一个环节——产品介绍，或根据客户意愿安排试乘试驾。

3 需求分析内容

销售顾问只有充分了解客户的背景情况，才能将客户的隐性需求变成显性需求，赢得客户的青睐，最终达成交易。

在分析客户需求时，主要从来店意图、购买车型、购买注重点、购买角色、客户类型 5 个方面进行分析，把握客户用车需求，并及时填写"客户需求分析表"（见表 1-17）。

表 1-17　客户需求分析表

相关信息	相关问题
有关现用车	1. 您目前开的是什么车？使用了多长时间？ 2. 您想换一辆比目前大一些的还是小一些的车？ 3. 为什么想要更换车辆？ 4. 您最喜欢目前车辆的哪一点？ □外观 □内饰 □空间 □动力 □操控 □安全 □经济 □舒适 □其他
有关新购车	1. 您有中意的车吗，了解过哪些车型？ 2. 您购车是商用还是个人使用？ 3. 用车频率如何，什么时候需要？ 用车频率：□每日使用 □每周使用 □定期使用 □其他时间 4. 您认为新车应该具备什么特点？ 5. 对于您的购买决定，有重要的影响因素吗
有关购车过程	1. 您是想留下目前的车，还是想以旧换新？ □新购 □换购 □增购 2. 您目前的车是全款购买，还是贷款购买的？ 3. 您购车考虑分期吗，预算是多少？ 4. 您想选购哪个价位的车？ □ 10 万元以下 □ 10 万~15 万元 □ 15 万~20 万元 □ 20 万~30 万元 □ 30 万元以上

相关信息	相关问题			
有关客户背景	1. 家庭情况	2. 业余爱好	3. 联系方式	4. 之前与4S店的接触经验
	5. 其他			

三、需求分析的方法

正确分析客户需求的一个关键技巧就是向客户提问，通过提问来挖掘客户的需求细节。

1. 5W2H 需求分析法

客户需求分析的目的是获取必要的信息以便向客户推荐合适的产品和服务。在汽车 4S 店销售过程中，销售顾问的提问往往是围绕 5W2H 等重要信息展开的。

1）5W

Who——购买者、决策者、影响者等。

When——购买时间。

Where——购买地点、了解信息的渠道。

Why——主动需求等，如用途、使用方式。

What——意向购买的车型或服务等，感兴趣的配置或特性。

2）2H

How——购买的方式、付款的方式。

How much——客户的预算和支付能力。

2. 顾问式需求分析提问法

顾问式需求分析提问法通过有序、有逻辑的提问，不断探求客户的显性或隐性需求。具体来讲，提问线索就是从客户基本特征，到客户使用特征，再到产品特征，最后到客户购买特征。顾问式需求分析提问法是在 5W2H 需求分析法基础上加以整合而成的，在展厅接待过程中通过顾问式的沟通不断挖掘和获取客户信息，在综合分析客户信息的基础上，确认客户需求并明确重点。

1）顾问式需求分析提问法的提问顺序

顾问式需求分析提问法的提问顺序如图 1-24 所示。

（1）客户基本特征。

①客户是谁。

应先明确谁是购买者，这是进行需求分析的前提，只有清楚目标是谁，才能对其展开后续的一系列分析。

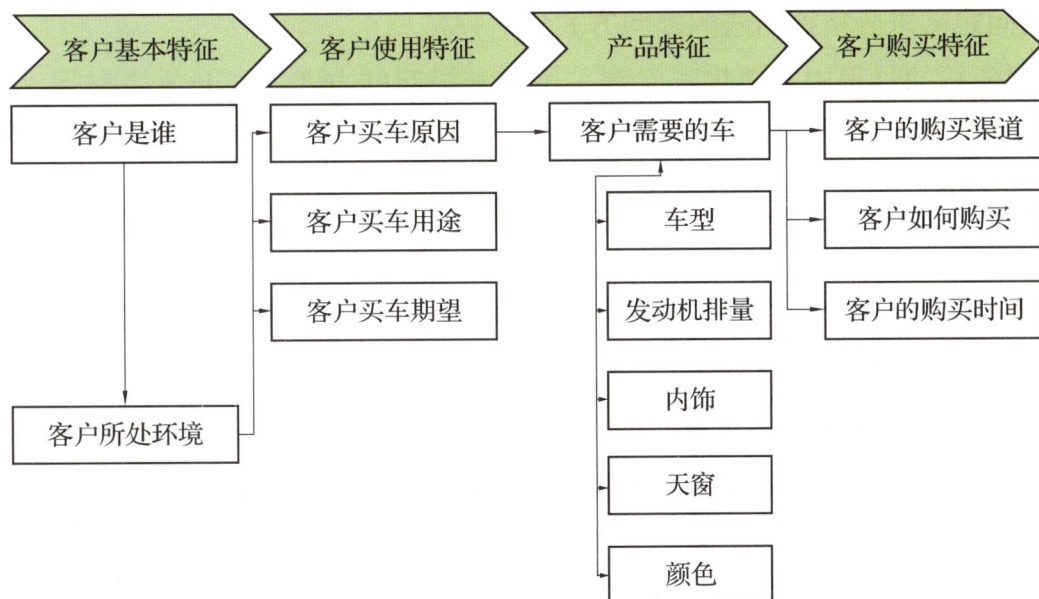

图 1-24　顾问式需求分析提问法的提问顺序

②客户所处环境。

要认清客户需求是如何产生的。客户需求来自自身所处的环境，正是客户所处的某种环境才使客户产生了某种需求，所以应当更多地了解客户使用车辆有关的环境和信息。

（2）客户使用特征。

客户需求的产生是由于自身有需要解决的问题或者需要弥补的差距。在获取客户的相关信息后，就应该了解客户的现状和他/她的期待之间的差距，即客户为什么要买车、买车的主要用途是什么。此时，需求分析的核心已经从客户表面上"需要一辆什么车（what）"，转向客户内心深处的"为什么需要这辆车（why）"，即需要洞察客户内心深处的心理需求。

（3）产品特征。

了解客户内心真正的需求后，应该有的放矢地分析客户的产品特征，即客户需要的车型应该具备的功能、装备或特性，即客户所需的产品。

（4）客户购买特征。

在获得客户的产品需求和心理需求后，应及时了解客户的购买特征，包括客户的购买渠道、客户如何购买、客户的购买时间等。

客户的购买渠道：本店、同品牌竞争对手、不同品牌竞争对手。

客户如何购买：一次性付款、分期付款、二手车置换。

客户的购买时间：一周、一个月、三个月。

2）顾问式需求分析提问法的提问方式

在需求分析的过程中，销售顾问常采用多种提问的方式，如开放式提问、封闭式提问、选择性提问、肯定式提问、启发式提问、反问式提问、探寻式提问、假设式提问等。销售顾问可根据不同客户的具体情况选择不同方式进行提问，下面介绍几种常用的提问方法。

（1）开放式提问。

开放式提问的目的是收集信息。开放式提问的发问者提问范围大，对回答的内容限制不严格，给客户留有自由发挥的余地。销售顾问可以通过开放式提问让客户展开话题，充分表达自己的想法和意见，也就是客户的期望和需求。适当的开放式提问可以为销售顾问提供更多的客户信息，能体现开放式提问的疑问词有"什么""哪里""告诉""怎样""为什么""谈谈"，例如：

您是从事什么行业的？

您目前使用的是什么车？

这款车您感觉怎么样？

您对车的主要要求是什么？

您想看看我们哪款车？

（2）封闭式提问。

封闭式提问的目的是确认信息。封闭式提问的答案具有唯一性，提问范围较小且有限制，主要用是或不是、要或不要、有或没有等简单词汇来回答。收集到足够信息后，销售顾问就可以用封闭式提问来确定自己的判断和理解。销售顾问通过封闭式提问将客户的需求确定下来，最后便能确认某款产品或服务能满足客户的需求。封闭式提问如：

先生／女士，是来看车的吗？

先生／女士，您是要选择高配还是低配版本？

先生／女士，您要加装选装包（客户在购车时可根据自己需求选择的一种配置组合）吗？

先生／女士，您之前开过车吗？

销售顾问在准确运用开放式提问、封闭式提问以外，还可以运用如下的提问方式。

您购车是自己开还是家人开？（选择性提问）

先生／女士，您是选择银色还是黑色？（选择性提问）

先生／女士，您是交 5 000 元订金还是 10 000 元订金？（选择性提问）

您是开着 ××（车型）来我们展厅的，是吗？（肯定式提问）

您是不是觉得红色更加时尚一些？（启发式提问）

您为什么会这样认为？（反问式提问）

您今天要不要把车定下来？（探寻式提问）

如果您今天付定金，您是刷卡还是付现金？（假设性提问）

🚗 职场园地

计划与安排——应急处理

在展厅接待过程中，可能会遇到各种突发情况，如名片忘带、同时来几位客人等。遇到这种情况，应该保持沉着冷静，并能够与团队成员密切合作、协调行动，共同解决问题，具体应急处理的流程如下。

1. 预见并准备可能的紧急情况：提前识别展厅内可能发生的紧急情况，针对这些潜在问题，制订相应的应急预案和措施。

2. 保持冷静和专业：要保持冷静，避免恐慌或紧张情绪影响处理效果。展现出专业和有条理的处理方式，以稳定客户和团队的情绪。

3. 迅速响应并采取行动：在紧急事件发生时，迅速做出反应，采取适当的措施，并尽可能减少客户的不便和担忧。

4. 灵活调整服务流程：根据具体情况灵活调整展厅服务流程，确保客户体验不受过多影响；与团队成员紧密合作，确保服务质量和效率。

✏️ 实训准备

（1）场地准备：汽车营销仿真实训室。

（2）物品准备：笔、名片、桌椅、活动过程话术等。

（3）人员分工：5~6人/组。

（4）工作计划如下。

①学生5~6人分为一组，实训时以小组为单位，每组确定一名组长。

②组长组织本组同学按照下面实践活动要求进行实践演练，小组成员合理分工。

③小组成员角色轮换。

④小组组长和其他观摩人员为实践演练者评分并提出改进意见。

⑤教师对学生活动进行点评。

需求分析流程

任务实训

（1）实践活动一：展厅接待流程。

活动名称	展厅接待流程		
班级		组号	
活动目的	展厅接待是汽车销售中的重要环节，接待时的礼仪、标准和服务流程都能给客户留下深刻的印象。如何正确、规范地接待展厅客户，是销售顾问应具备的基本素质和技能。通过该情境的实际演练，销售顾问要了解展厅接待的流程、掌握接待的关键节点、明确接待要点，带给客户良好的购车体验		
活动情境描述	比亚迪4S店每月会组织销售顾问开例会，模拟演练展厅接待流程，相互学习探讨。作为销售顾问，应该怎样展现出完整的接待流程		
活动过程话术	请销售顾问依据以下接待要点对小组进行检查并打分。		

关键时刻	接待要点
客户进店时	看见客户时，有出门迎接的动作
	陪同客户进展厅，走在客户的左侧
	主动递名片，自我介绍
	礼貌询问客户来店的目的
客户自行参观时	与客户保持1米的安全社交距离
	主动询问客户对车辆的印象
	当客户进入车辆时，能主动进行介绍
	注意客户的反应，寻求客户的观感和认同，引导客户提问
邀请客户入座时	邀请客户面向展车入座
	询问客户需要喝茶还是其他饮品
	询问客户对车辆的态度和感受
客户离店时	离座前提醒客户带好随身物品
	礼送客户到展厅门外，感谢客户惠顾，目送客户离开
客户离店后	整理客户信息，填写"来店（电）客户登记表"

（2）实践活动二：顾问式需求分析提问演练。

活动名称	顾问式需求分析提问演练		
班级		组名	
活动目的	顾问式需求分析提问是 4S 店销售过程中最常用的方法之一。通过适当的提问，销售顾问能从中获得客户的信息。如何调节洽谈氛围，选择适当的提问方式是销售顾问的基本素质和技能。通过该情境的实际演练，销售顾问学会灵活使用提问方式，获取客户基本信息，分析客户用车需求		
活动情境描述	比亚迪 4S 店销售顾问通过练习顾问式需求分析提问演练，提高分析客户需求的能力，巧妙挖掘客户信息。作为销售顾问，在实际洽谈中，应该如何挖掘客户信息		
活动过程话术	<table><tr><th>信息点</th><th>问题设计</th></tr><tr><td rowspan="5">客户基本特征</td><td>请问您贵姓</td></tr><tr><td>您家是住在附近吗</td></tr><tr><td>您现在从事什么职业</td></tr><tr><td>购车是您自己使用吗？还是买给家人使用</td></tr><tr><td>您从哪里了解的本店车辆信息</td></tr><tr><td rowspan="3">客户使用特征</td><td>您这次是首次购车，还是增购、换购</td></tr><tr><td>您购车主要是用来上下班，还是有其他用途</td></tr><tr><td>您购车心理价位是多少</td></tr><tr><td rowspan="5">产品特征</td><td>您对车的配置有什么需求</td></tr><tr><td>您想购买一辆什么类型的车</td></tr><tr><td>您有心仪的车型吗</td></tr><tr><td>您喜欢什么颜色的车</td></tr><tr><td>您是考虑购买油车还是电车呢</td></tr><tr><td rowspan="2">客户购买特征</td><td>您是准备一次性付款还是办理贷款</td></tr><tr><td>您希望什么时候购车？什么时候交车</td></tr></table>		

评价与反思

（1）实践活动评价表一：展厅接待流程。

班级		组号			
序号	评分要点	配分	个人评分	组长评分	教师评分
1	客户进店时，主动上前迎接	5			
2	礼貌微笑，递送名片，陪同进店	5			
3	主动询问客户到店意图	10			
4	与客户保持安全社交距离	10			
5	尊重客户的看车需求，保持礼貌	10			
6	留意客户的反应，寻找切入点	10			
7	运用适当的提问方法，引导客户主动提问	10			
8	入座时，主动询问客户的饮品需求	10			
9	离座时，提醒客户带好随身物品	5			
10	礼送客户至展厅门外，目送客户离开	5			
11	注重时间观念，抓住关键时间点	10			
12	在与客户洽谈的过程中，要有随机应变的能力	10			
合计		100	总成绩：		

（2）实践活动评价表二：顾问式需求分析提问演练。

班级		组号			
序号	评分要点	配分	个人评分	组长评分	教师评分
1	准备客户接待所需资料	5			
2	在接待台站立并主动迎接客户	5			
3	欢迎客户进店并正确进行自我介绍	5			
4	正确引导客户入座并提供客户所需饮品	5			
5	运用5W2H需求分析法，分析客户需求	10			
6	What——围绕谁购买新车，设计相应问题	10			
7	When——围绕预计购买时间，设计相应问题	10			
8	Where——设计适当的问题，了解车辆信息的渠道	5			
9	Why——设计适当的问题，询问客户车辆用途	5			
10	How——设计适当的问题，礼貌询问客户采用哪种付款方式	10			
11	How much——设计适当的问题，分析客户的预算和支付能力	10			
12	提前预设客户可能会存在的问题，做好充足的准备	10			
13	与客户洽谈过程中，灵活调整聊天流程，注意客户的变化	10			
合计		100	总成绩：		

（3）在展厅接待过程中，如果客户并没有按照规范流程行动，作为销售顾问，该怎么办？

（4）当遇到暴躁型客户，在接待过程中，作为销售顾问，需要注意些什么？

任务小结

（1）销售顾问专业、周到且礼貌的接待将会满足客户的心理预设，并为客户带来愉快且满意的购车经历，同时能够提高客户的满意度。

（2）展厅接待包括从客户来店到离店的整个过程，销售顾问应把握住各个关键时刻并恰到好处地进行接待。

（3）销售顾问在与客户初次接触时，应主动拉近与客户之间的距离，营造一个舒适、安全、轻松的交谈氛围，恰到好处地了解客户来店的真实动机，以获取客户的信任。

（4）需求分析的目标是了解客户需求和购买动机，并在此基础上确定解决方案。销售顾问应在建立信任的前提下，充分了解客户需求，在此基础上向客户提出专业建议。

（5）在分析客户需求时，主要从来店意图、购买车型、购买注重点、购买角色、客户类型等5个方面进行分析，把握客户用车需求。

（6）顾问式需求分析提问法，是在5W2H需求分析法基础上加以整合而成的，在展厅接待过程中通过顾问式的沟通不断挖掘和获取客户信息，在综合分析客户信息的基础上，确认客户需求并明确重点。

课后习题

一、选择题

1.能激发客户购买想法的方式是（　　　）。

A.适度说话，让客户说话　　　　　　B.挖掘客户的需求

C.不顾一切地热情招待客户　　　　　　D.用语言说服客户

2.下列（　　　）不属于需求分析的目的。

A.推荐适合客户需要的车型　　　　　　B.判断客户的级别

C.判断客户是否能接受我们的车型　　　　D.分析客户的需求

二、判断题

1.对待不同的客户要使用一样的接待流程。　　　　　　　　　　　　　（　　　）

2.需求分析流程是获取客户信息、分析客户需求、提出建议车型。　　　（　　　）

3.顾问式需求分析提问法只能使用开放式提问和封闭式提问这两种方法。（　　　）

4.在展厅接待过程中，遇到突发情况，如名片忘带、同时来几位客人等，应该保持沉着冷静，并能够与团队成员密切合作、协调行动，共同解决问题。　　　　　　（　　　）

5.在展厅接待过程中，要根据具体情况灵活调整服务流程，并与团队成员紧密合作，确保服务质量。　　　　　　　　　　　　　　　　　　　　　　　　　　　　（　　　）

拓展阅读

秉情怀 → 强技术 → 争创新

群峰之上，未来可期的大国自信

——投身全面发展阶段（1983 年至今）

1983 年，中国第一个汽车合资企业诞生；同年 4 月 11 日，中德合资的第一辆桑塔纳轿车成功下线；20 世纪 90 年代初开始，合资生产汽车成为中国汽车制造的主流，中国汽车工业自此全面开放；2022 年，中国汽车产销分别完成 2 702.1 万辆和 2 686.4 万辆，中国汽车产销总量已连续 14 年居全球第一，代表了中国汽车逐步走进并融入世界。中国自主品牌的持续走强，新能源汽车行业的快速发展，中国汽车在发展的第三阶段迎来了丰收，这就是新时代中国的大国担当、大国责任、大国实力、大国自信的集中体现。

拓展提升

请扫描二维码了解相关内容。

【群峰之上，未来可期】大国自信——投身全面发展阶段（1981~ 至今）。

项目二

车辆展示与推介

任务一　产品介绍

任务导入

　　李先生是一位金融行业的理财顾问，第一次来到4S店。李先生擅长人际交往，性格外向，对服务品质要求较高。之前对该品牌有一定了解，曾到其他品牌专卖店看过车。今天特地到4S店来找销售顾问了解比亚迪秦PLUS 2023款冠军版DM-i 120KM卓越型这款车，如果你作为销售顾问，应该如何规范地向客户介绍？

学习目标

知识目标：

（1）熟悉产品推介过程中的异议处理方法，熟知竞品比较（ACE）法的概念；

（2）熟悉利益营销（FAB）法的概念，了解FAB法的应用原则；

（3）掌握六方位绕车介绍的商务礼仪及介绍要点，并学会结合FAB法和ACE法。

技能目标:

（1）能熟练使用六方位绕车介绍法，详细为客户介绍产品；

（2）能运用 FAB 法，熟练将汽车介绍与客户生活结合在一起，进行新车推介；

（3）能熟练运用 ACE 法，组织适当语言进行沟通，有效处理客户异议。

素质目标:

（1）能通过模拟产品介绍环节，锻炼团队工作能力，践行社会主义核心价值观；

（2）能通过模拟与客户的谈话，提高人际交往的能力，产生积极向上的态度；

（3）能通过处理客户异议，提高销售顾问对个人素质的关注度，维护个人和企业形象，进而维护良好公民的形象。

知识链接

一、六方位绕车介绍法

汽车的六方位绕车介绍法是指把汽车的优势按照一定顺序从六个方位进行介绍的方法，一般从左前方顺时针开始介绍。六个方位按照从左前方顺时针环车依次是车左前方、车侧方、车后方、乘客舱、驾驶舱、前舱，如图 2-1 所示。

由于燃油汽车、纯电动汽车及插电式混合动力汽车的车辆结构和性能有较大区别，因此介绍要点也有所区别，分别如表 2-1、表 2-2 和表 2-3 所示。

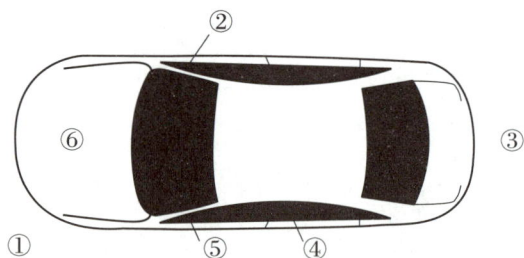

图 2-1　六方位绕车介绍位置
①—车左前方；②—车侧方；③—车后方；
④—乘客舱；⑤—驾驶舱；⑥—前舱

表 2-1　燃油汽车六方位绕车介绍要点

方位	性能侧重介绍要点	配置介绍要点
车左前方	品牌、设计感、安全性	车型特色、车身尺寸、外观设计（保险杠、散热格栅等）、车身附件（前照灯、前风窗玻璃、保险杠等）、电子配备（摄像头、毫米波雷达等）
车侧方	设计感、安全性	车身尺寸、外观设计（线条设计、门把手设计等）、汽车底盘（悬架、重心等）、制动系统（轮胎、电子驻车制动系统（EPB）、胎压监测系统（TPMS））
车后方	安全性、空间感、设计感	外观设计、后备厢（感应开启、空间、备胎、随车工具、警示牌等）、车身附件（尾灯、后风窗玻璃、保险杠等）、倒车配备（摄像头、毫米波雷达等）

方位	性能侧重介绍要点	配置介绍要点
乘客舱	便利性、舒适性、空间感、安全性	乘坐空间、上下车便利性、视野开阔（天窗等）、人性化设计（后座比例放倒、充电、空调出风口、后排音箱、杯架、安全带、悬挂方式等）、安全性（门锁结构、儿童锁等）
驾驶舱	操作性、便利性、智能化、舒适性	转向盘、仪表盘（功率表、续驶里程、剩余电量等）、车机互联功能（通过 CarPlay 或 CarLife 在车内大屏幕上投屏等）、智能便利配备（语音助手、数字钥匙等）、人性化配置（储物空间、杯架、遮阳板、音响、抬头显示（HUD）等）、安全配置（安全气囊、安全带、全景监控（PVM）、车道偏离预警系统、碰撞预警等）、内饰设计、后视镜配置（并线盲区检测（BSM）、流媒体后视镜等）
前舱	动力性、经济性、安全性	发动机布局、发动机性能和技术

表 2-2　纯电动汽车六方位绕车介绍要点

方位	性能侧重介绍要点	配置介绍要点
车左前方	品牌、设计感、续航能力、安全性	车型特色、车身尺寸、外观设计（保险杠、散热格栅等）、电池（类型、电量、续航里程、防水及安全等）、车身附件（前照灯、前风窗玻璃、保险杠等）、电子配备（摄像头、毫米波雷达等）
车侧方	设计感、安全性	充电口（车右后侧、左后侧或前部）、车身尺寸、外观设计（线条设计、门把手设计等）、汽车底盘（悬架、重心等）、制动系统（轮胎、电子驻车制动系统、胎压监测系统）
车后方	安全性、空间感、设计感	外观设计、后备厢（感应开启、空间、充电线、备胎、随车工具、警示牌等）、车身附件（尾灯、后风窗玻璃、保险杠等）、倒车配备（摄像头、毫米波雷达等）
乘客舱	便利性、舒适性、空间感、安全性	乘坐空间、上下车便利性、视野开阔（天窗等）、人性化设计（后座比例放倒、充电、空调出风口、后排音箱、杯架、安全带、悬挂方式等）、安全性（门锁结构、儿童锁等）
驾驶舱	操作性、便利性、智能化、舒适性	转向盘、仪表盘（功率表、续驶里程、剩余电量、制动能量回收显示等）、车机互联功能（通过 CarPlay 或 CarLife 在车内大屏幕上投屏等）、智能便利配备（语音助手、数字钥匙等）、人性化配置（储物空间、杯架、遮阳板、音箱、HUD 等）、安全配置（安全气囊、安全带、PVM、车道偏离预警系统、碰撞预警等）、内饰设计、后视镜配置（BSM、流媒体后视镜等）
前舱	动力性、经济性、安全性	高压部件（驱动电机类型、功率、电机控制器、加热器（PTC）、空调压缩机等）、高压线束、安全事项提醒及保养项目

表 2-3　插电式混合动力汽车六方位绕车介绍要点

方位	性能侧重介绍要点	配置介绍要点
车左前方	品牌、设计感、续航能力、安全性	车型特色、车身尺寸、外观设计（保险杠、散热格栅等）、电池（类型、电量、续航里程、纯电行驶里程、防水及安全等）、车身附件（前照灯、前风窗玻璃、保险杠等）、电子配备（摄像头、毫米波雷达等）
车侧方	设计感、安全性	充电口（车右后侧、左后侧或前部）、车身尺寸、外观设计（线条设计、门把手设计等）、汽车底盘（悬架、重心等）、制动系统（轮胎、电子驻车制动系统、胎压监测系统）
车后方	安全性、空间感、设计感	外观设计、后备厢（感应开启、空间、充电线、备胎、随车工具、警示牌等）、车身附件（尾灯、后风窗玻璃、保险杠等）、倒车配备（摄像头、毫米波雷达等）
乘客舱	便利性、舒适性、空间感、安全性	乘坐空间、上下车便利性、视野开阔（天窗等）、人性化设计（后座比例放倒、充电、空调出风口、后排音箱、杯架、安全带、悬挂方式等）、安全性（门锁结构、儿童锁等）
驾驶舱	操作性、便利性、智能化、舒适性	转向盘、仪表盘（功率表、续驶里程、剩余电量、制动能量回收显示等）、车机互联功能（通过 CarPlay 或 CarLife 在车内大屏幕上投屏等）、智能便利配备（语音助手、数字钥匙等）、人性化配置（储物空间、杯架、遮阳板、音箱、HUD 等）、安全配置（安全气囊、安全带、PVM、车道偏离预警系统、碰撞预警等）、内饰设计、后视镜配置（BSM、流媒体后视镜等）
前舱	动力性、经济性、安全性	发动机布局、发动机性能和技术、高压部件、高压线束及安全事项提醒

1. 第一方位——车左前方

销售顾问应该引领客户站在车辆左前方 45°，如图 2-2 所示。销售顾问站在客户左手边，且距离客户 40 厘米，上身微倾，左手引领客户参观车辆，如图 2-3 所示。

图 2-2　第一方位

图 2-3　第一方位介绍

对于纯电动汽车，电池作为动力能量来源显得尤为重要，应着重介绍，销售顾问介绍纯电动汽车的电池时，主要介绍电池的类型、电量、续航里程、防水及安全等。介绍插电式混合动力汽车的电池时，主要介绍电池的类型、电量、续航里程、纯电行驶里程、防水及安全等。

2. 第二方位——车侧方

销售顾问站在客户左手边，引领客户经过车辆正前方到达车辆右侧，销售顾问站在车辆右前轮外侧，距离车身约60厘米，上身微倾，适宜的地方要有蹲姿介绍，如图2-4和图2-5所示。

图2-4　第二方位

图2-5　第二方位介绍

3. 第三方位——车后方

销售顾问站在客户左侧，用左手引领客户到达车辆尾部，如图2-6和图2-7所示。销售顾问首先引领客户观察车辆尾部造型设计及安全性能电子配备。比如，车辆尾部车标下通常会有倒车摄像头等，介绍时强调车辆安全性；然后，销售顾问打开后备厢门，介绍后备厢容积，强调超大的储存空间。如果车辆配有脚踢感应式后备厢，要为客户进行展示，让客户感受到便利性。演示后备厢空间时，销售顾问可以将后排座椅放倒，将整个后备厢的空间展示出来，供客户观察、感受。

图2-6　第三方位

图2-7　第三方位介绍

4. 第四方位——乘客舱

销售顾问在客户左侧引领客户到达车辆左侧。先介绍门把手，进而打开车左侧乘客舱车门，将事先放倒的座椅归位，顺便讲解多功能座椅，引领客户上车体验，销售顾问蹲姿介绍，如图 2-8 和图 2-9 所示。

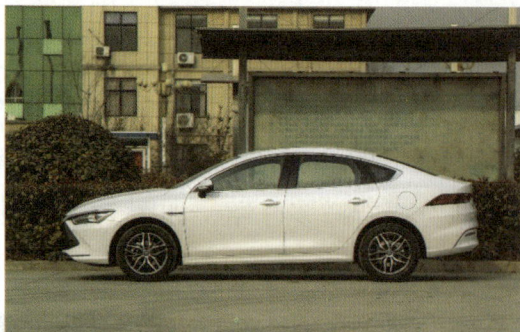

图 2-8　第四方位

图 2-9　第四方位蹲姿介绍

5. 第五方位——驾驶舱

销售顾问引领客户到达驾驶舱，按照车辆底盘高度的不同，销售顾问的介绍位置和姿势应该有所不同，第五方位及第五方位蹲姿介绍如图 2-10 和图 2-11 所示。

图 2-10　第五方位

图 2-11　第五方位蹲姿介绍

驾驶舱作为整车介绍中的核心，功能需集中演示，销售顾问介绍时可以采用站姿介绍、蹲姿介绍和绕至副驾驶介绍。针对重心较低的轿车而言，销售顾问多采用蹲姿介绍和绕至副驾驶介绍；针对车辆底盘较高的多功能汽车（MPV）和运动型多功能汽车（SUV），多采用站姿介绍和绕至副驾驶介绍。绕至副驾驶介绍具有一定的必要性。

驾驶舱的功能介绍如表 2-4 所示。

表 2-4　驾驶舱的功能介绍

配置	功能介绍
数字钥匙	可以通过精准的蓝牙定位、近场通信（NFC）等不同通信技术和更加安全的钥匙管理，使用智能手机、NFC 智能卡、智能手表和智能手环等来解锁汽车
车机互联	即汽车手机互联映射，是指将手机投屏到车载显示器上，通过显示器可以操作手机里的视频、音乐、游戏、导航等功能
HUD	可以将重要信息映射在面向驾驶员的玻璃上，减少驾驶员阅读信息时的视线移动，让驾驶车辆时的信息读取安全、舒适、稳妥

配置	功能介绍
PVM	该系统可通过位于车头、车两侧和车尾的四个摄像头监控车身周边状态，在多媒体显示系统上显示车辆俯瞰影像的全景模式，让周围环境清晰可见，让驾驶员安全安心
BSM	通过并线盲区辅助功能的毫米波雷达检测旁边车道接近的车辆。当盲区中有车时，车外后视镜上搭载的 LED 指示灯激活常亮，提示盲区状况，并通过闪烁提醒驾驶员注意
流媒体后视镜	将车内的后视镜变成了一个后方路况实时显示屏。借助高清的外置后视摄像头，对车辆后方的情况进行拍摄，并把后方的实时路况图像呈现到后视镜上

6. 第六方位——前舱

销售顾问引领客户一起站在车头前缘，如图 2-12 和图 2-13 所示。对于纯电动汽车，销售人员应重点介绍驱动电机类型、功率、电机控制器、加热器、空调压缩机等高压部件，以及高压线束、安全事项提醒、保养项目等；对于插电式混合动力汽车，前舱内的发动机和驱动电机等高压部件都要介绍，突出介绍混合动力的优势。

图 2-12　第六方位

图 2-13　第六方位介绍

二、FAB 法

汽车介绍过程中，单纯介绍车辆参数及性能，难以让客户快速喜欢上该款汽车。在六方位绕车介绍过程中，经常要使用各种促销描述方法来达成销售，如富兰克林介绍法、ABCD 法、AIDA 法、FAB 法，掌握这些销售技巧可以让销售顾问达到事半功倍的效果。其中，FAB 法是汽车推介中最常用的一种方法。

1. FAB 法简介

FAB 法是指在产品推介过程中，销售顾问将产品的特征、优势及带给客户的利益三者结合起来，按照一定的顺序加以描述的销售方法。F 代表产品特性（Feature/Fact），描述产品的属性或功效；A 代表产品优势（Advantage），描述产品的优点；B 代表客户利益（Benefit），即这一优点带给客户的利益。

2. FAB 法的应用

1）利用 FAB 法介绍前照灯

F：这款车配有四柱式 LED 大灯。

A：这款车的四柱式 LED 大灯造型非常犀利有神，而且还配有自适应远光灯（AHS）功能。

B：当您夜间行驶时，大灯可以根据车速调整远光灯的照射距离，当检测到前方有车辆时，还会调整远光灯的照射范围，避免影响前方驾驶员视线，夜间驾驶更安全。

2）利用 FAB 法介绍安全系统

F：搭载智行安全系统（TSS3.0）。

A：车标 Logo 下方配有毫米波雷达和摄像头，并搭载了最先进的 TSS3.0，检测范围更广，反应更加灵敏，达到自动驾驶的 L2 级别。

B：让您驾驶起来更轻松，在特定的情况下，系统会主动帮助驾驶员刹车，从而避免或减少事故的发生，TSS3.0 会保证您的驾驶安全。

三、产品介绍中的客户异议处理

1. 客户异议

客户异议是指客户对产品、业务人员、推销方式和交换条件产生怀疑和抱怨，并提出反对意见。交换条件是指洽谈成交环节中销售顾问与客户之间达成的条件交换，比如，贷款优惠并且送装具，不贷款只能享受最低优惠。产品介绍中，除了交换条件，各类客户异议都有所涉及。客户异议分类如表 2-5 所示。

表 2-5　客户异议分类

分类		概述
产品异议	箱体形式	客户反复在轿车、SUV、MPV 等车型之间纠结而产生异议
	造型风格	客户对车型外观设计感到不满而产生异议
	经济性	客户对车辆的油耗、电耗产生异议
	安全性	客户对车辆安全配置不满而产生异议
	续航里程	客户对车辆的续航里程短产生异议
	空间表现	客户对前排、后排或后备厢的空间大小感到不满而产生异议
	试驾体验	客户对试乘试驾中体验到的动力性、操作性等不满而产生异议
	车辆价格	客户对车辆价格、优惠力度及赠品产生异议
	销量表现	客户因车辆销量不高而产生异议
	用户口碑	客户因车辆口碑不好而产生异议

续表

分类		概述
服务异议	服务态度	客户对销售顾问的服务态度不满而产生异议
	服务质量	客户对销售顾问的服务质量产生异议
保险及金融政策异议	车辆保险	客户对车辆保险价格及内容产生异议
	金融政策	客户对车辆贷款政策产生异议
维修保养异议	维修保养的政策	客户对车辆维修保养的优惠少产生异议
	维修保养的价格	客户对车辆维修保养成本高产生异议

2. 客户异议处理方法

竞品分析法是指分析产品在同领域的竞争对手。

1）竞品的确定

销售顾问应当对竞品情况及企业文化进行了解，可以根据目标客户、产品概念及产品定位的相似性来确定竞品。

（1）目标客户相似性：人口特征（平均年龄、性别比例、家庭构成、消费水平等）、职业分布、价值观、情感需求、功能需求及购车用途等。

（2）产品概念相似性：产品特征（车长、轴距、动力形式等）、定位方向、产品风格、核心卖点及售价区间等。

（3）产品定位相似性：这是针对目标客户适用的一种产品类别，可以使他们得到关键收益，相比竞争对手，本产品拥有独特优势。

2）ACE法

销售顾问可以通过ACE法进行竞品对比话术总结。

ACE法（见表2-6），是指通过认可（Acknowledge）、比较（Compare）和提升（Elevate）三个步骤，认可竞品的优势，比较自身产品和竞品特征进行防守应对，并对自身产品进行优势介绍，突出自身产品优势，提升客户对自身产品的认可度。

表2-6　ACE法

	三个步骤		案例
A	认可	承认客户的看法，认可竞品的优势	客户："你们比亚迪秦PLUS的价格要比××车型贵！" 销售顾问："先生，看来您还是比较关注价格的！如果是我的话，也不愿意同样的车型花更高的代价。"
C	比较	牢记客户需求，找出有利于自身产品的方面进行介绍	销售顾问："配置是衡量性价比的一个因素。我们比亚迪秦PLUS无论是在车身安全，还是主动安全等方面的配置都要远高于××车型。"

		三个步骤	案例
E	提升	结合自身产品配置和客户的期望等需求，有效突出自身产品的优势	销售顾问："我们比亚迪秦PLUS全系标配防抱死制动系统＋电子制动力分配＋刹车辅助系统（ABS+EBD+BA），有效保证车辆最基本的行车安全。在高配的车型中，还配有电子稳定程序系统＋坡路起步辅助系统（ESP+HHC），使得比亚迪秦PLUS在任何状态下都能得到安全的防护保障。而××车型连防抱死制动系统＋电子制动力分配（ABS+EBD）都是选配，就更不用谈车身电子稳定系统（ESP）了。所以在主动安全方面，我们比亚迪秦PLUS的优势远远超越××车型。我们还有更多优于××车型的配置，让我向您一一介绍。我相信等我讲完之后，您就不会觉得我们比亚迪秦PLUS比××车型贵了。"

🎯 职场园地

主动与沟通——积极主动

主动接触客户：当客户进入展厅时，销售顾问应该主动上前打招呼，并询问他们的需求，这不仅能够展现销售顾问的专业素养，还能让客户感受到被重视和关注。积极展示产品：在与客户交流的过程中，销售顾问应该主动展示车辆的特点和优势，通过详细介绍车辆的性能、配置、价格等信息，帮助客户更好地了解产品。

主动与沟通——沟通方式

掌握倾听技巧，有效地沟通不仅仅是说话，更重要的是倾听。销售顾问应该仔细倾听客户的需求、疑虑和期望，以便更好地理解他们的立场和角度；在沟通过程中，销售顾问应该努力与客户建立情感连接。通过表达同理心和关心，销售顾问可以让客户感受到他们的需求被重视，并增强客户对销售顾问的信任感。

主动与沟通——提问技巧

在六方位绕车介绍过程中，分别使用封闭式提问和开放式提问向客户发问，引导客户说出他们的需求。使用开放式提问可以让客户更自由地表达他们的需求和意见。这些问题通常以"什么""如何""为什么"等词语开头，"您通常使用这类产品来解决什么问题？"或"您期望这款产品具有哪些特点？"这样的问题能够激发客户的思考和交流。对于封闭式提问，通常用于获取客户对某个具体事项的意见或确认。这些问题可以用"是"或"否"来回答，有助于销售顾问快速了解客户的观点或偏好。

✏️ 实训准备

（1）场地准备：汽车营销仿真实训室。

（2）物品准备：车辆、活动过程话术等。

（3）人员分工：5~6 人／组。

（4）工作计划如下。

①学生 5~6 人分为一组，实训时以小组为单位，每组确定一名组长。

②组长组织本组同学按照下面的实践活动要求进行演练，小组成员合理分工。

③小组成员角色轮换。

④小组组长和其他观摩人员为实践演练者评分并提出改进意见。

⑤教师对学生活动进行点评。

任务实训

六方位绕车流程① 六方位绕车流程② 六方位绕车流程③

（1）实践活动一：六方位绕车介绍。

活动名称	六方位绕车介绍		
班级		组号	
活动目的	通过六方位绕车介绍的演练，让销售顾问能够熟知六方位绕车介绍要点，并学会结合 FAB 法进行六方位绕车介绍		
活动情境描述	李先生是一位金融行业的理财顾问，第一次来到比亚迪 4S 店。李先生擅长人际交往，性格外向，对服务品质要求较高，之前对该品牌有一定了解，今天想在店里了解比亚迪秦 PLUS 2023 款冠军版 DM-i 120KM 卓越型这款车		
活动过程话术	下面的话术主要运用 FAB 法对比亚迪秦 PLUS 2023 款冠军版 DM-i 120KM 卓越型这款车进行六方位绕车介绍。 ×××：李先生，那接下来由我对这款车进行全方位介绍。介绍顺序是从车左前方开始，顺时针介绍，您看您想先从哪里开始，还是按照顺序介绍？ 李先生：第一次来不太了解，就按照顺序介绍吧。 ×××：好的。请您随我来到车左前方。比亚迪秦 PLUS 2023 款冠军版 DM-i 120KM 卓越型，秦统天下，颠覆燃油，携五大颠覆和四大换新，崭新归来。首次实现油电同价，可以说是开辟了汽车发展新时代。这款车以 9.98 万元的低价席卷市场，可以说是相当经典的一款车，接下来我一一给您介绍。 ×××：请您跟随我来到车侧方，车身长 4 765 毫米，车身宽 1 837 毫米，车身高 1 495 毫米，尺寸适中，车身比例非常协调。这款车的车身侧面也有很多的亮点，在后视镜上面有一个非常精妙的处理，就是比亚迪秦 PLUS 2023 款冠军版 DM-i 120KM 卓越型的 NFC 功能。这个功能在日常出行时非常实用，可让手机与车门进行连接。 ×××：现在我们来到了车后方。我们再来看一下车的尾部，尾灯上方的"build your dreams"字标寓意着成就梦想，代表着对客户的祝福。您看，这里有一个非常明显的后备厢开启键，对于日常生活中后备厢的开启非常便利。 ×××：接下来来到了车辆的后排，虽然这是一个溜背式的造型，但实际上您坐在里面是很宽敞的，在横向空间中，坐 4 个人都是没有问题的。 ×××：接下来邀请您上驾驶位体验一下。您看这个设计精妙的仪表盘，在这个小小的空间里，所有的关键信息都能够一目了然地呈现。 ×××：接下来，我们打开发动机盖，深入讲解秦 PLUS 的动力和燃油经济性！作为燃油轿车的颠覆者，它如何做到颠覆？ ×××：秦 PLUS 的三大核心部件——发动机、电机和刀片电池，提供了强劲的动力，同时也有出色的燃油经济性。现在我们来仔细看看这三大核心部件。		

活动过程话术	首先，发动机是专为插电式混合动力而设计的 1.5 升高效自吸发动机，热效率达到 43.04%，是量产四缸自然吸气发动机中的全球第一。秦 PLUS 另外一项核心技术——废气再循环（EGR）技术，这项技术还有两个额外的好处：节油和清洁环保。说完了发动机，接下来我们再来看一下与之高度配合的 16 000 转超高转速电机，能够提供非常强劲的动力。还搭配了一个扁线电机，这里不得不提，比亚迪是全球第一家实现扁线电机量产的车企，我们的扁线电机能够让效率提升到 97.5%，可以用更多的电也就能省更多的油。这款车搭载的是插电式混合动力专用刀片电池，安全性极高。 ×××：动力性和操控性具体要通过试乘试驾来感受，李先生是否想对这款车进行试乘试驾

（2）实践活动二：客户异议处理。

活动名称	客户异议处理		
班级		组号	
活动目的	通过模拟客户异议处理，锻炼销售顾问客户异议分类及处理的能力，为最终成交奠定基础		
活动情境描述	李先生是一位金融行业的理财顾问，第一次来到比亚迪 4S 店。李先生擅长人际交往，性格外向，对服务品质要求较高，之前对该品牌有一定了解，今天想在店里了解比亚迪秦 PLUS 2023 款冠军版 DM-i 120KM 卓越型这款车，他在不同品牌不同车型的两款车之间纠结。请处理客户异议		
活动过程话术	李先生：这款车后排空间没有 ×× 款车大。 ×××：这款车后排的乘坐空间确实没有 ×× 款车大，但是这款车具备超大储存能力，您上后排看一看，右手边有隐藏杯架，前方座椅下面有隐藏空间，可以放置物品，后备厢的空间比 ×× 款车大 1.12 倍。您说过您家里有五口人，您平时喜欢自驾游，这款车虽然后排空间不大，但是让出来的超多储存空间，能够满足您和家人远途旅游的需求。您看这款车是不是更加适合您？ 李先生：比亚迪智能网联系统（DiLink 4.0）与 3.0 版本差得不多啊！ ×××：硬件是不同的，3.0 使用的汽车芯片是高通骁龙 625 和 665，4.0 的汽车芯片主要以高通骁龙 SM6350 为主，响应速度不同。 李先生：油电切换时会有很强的顿挫感吧？ ×××：比亚迪采用 EHS 替代传统变速结构，这在燃油汽车上是难以想象的。如果您觉得不太放心，待会儿带您试乘试驾体验，您亲自感受一下。 李先生：×× 款车主打用车成本超低，这款车应该没有那款车省油吧！ ×××：100 千米油耗才 4 升左右，而且可以纯电，上绿牌，不管是前期还是后期的成本，这款车都极具优势；购置税直接比 ×× 款车便宜了 1 万元左右，所以比亚迪秦 PLUS 2023 款冠军版 DM-i 120KM 卓越型性价比极高		

评价与反思

（1）实践活动评价表一：六方位绕车介绍。

班级		组号			
序号	评分要点	配分	个人评分	组长评分	教师评分
1	正确询问客户购车需求	10			
2	正确向客户介绍意向车型的配置信息及图片	5			
3	是否询问客户绕车起点；如果客户对绕车起点无要求，是否从车左前方顺时针开始	5			
4	车左前方介绍定位、姿势是否到位；前方是否介绍电池、外观设计等要点	10			
5	车侧方介绍定位、姿势是否到位；左侧方是否介绍车身尺寸、底盘悬架等要点	10			
6	车后方介绍定位、姿势是否到位；左后方是否介绍尾灯、后备厢等要点	10			
7	乘客舱介绍定位、姿势是否到位；乘客舱是否介绍座椅放倒人性化设计、上下车便利性设计等要点	10			
8	驾驶舱介绍定位、姿势是否到位；驾驶舱是否介绍车机互联功能、智能配备等要点	10			
9	前舱介绍定位、姿势是否到位；前舱是否介绍高压部件、动力性能等要点	10			
10	是否有蹲姿介绍，声音洪亮、语言流利、表达清晰、逻辑性强	5			
11	六方位绕车介绍话术的灵活调整，通过与客户洽谈记录客户需求	5			
12	乐观热情，大方得体，语言清晰、简洁	5			
13	认真倾听，尊重客户，提问技巧运用得当	5			
合计		100	总成绩：		

（2）实践活动评价表二：客户异议处理。

班级		组号			
序号	评分要点	配分	个人评分	组长评分	教师评分
1	客户异议1：回答是否具有逻辑性；回答是否与客户产生冲突；回答是否解决客户异议；回答竞品分析是否运用ACE法	20			
2	客户异议2：回答是否具有逻辑性；回答是否与客户产生冲突；回答是否解决客户异议；回答竞品分析是否运用ACE法	20			
3	客户异议3：回答是否具有逻辑性；回答是否与客户产生冲突；回答是否解决客户异议；回答竞品分析是否运用ACE法	20			
4	客户异议4：回答是否具有逻辑性；回答是否与客户产生冲突；回答是否解决客户异议；回答竞品分析是否运用ACE法	20			
5	乐观热情，尊重客户	10			
6	沟通方式灵活，提问技巧运用得当	10			
合计		100	总成绩：		

（3）如果客户在六方位绕车介绍时不断地否定这款车的性能，如何进行下一步的沟通？

（4）如果客户不断提出与购车不相关的问题，应该如何处理？

任务小结

（1）汽车的六方位绕车介绍法是指把汽车的优势按照一定顺序从六个方位进行介绍的方法，一般从左前方顺时针开始介绍。六个方位按照从左前方顺时针环车依次是车左前方、车侧方、车后方、乘客舱、驾驶舱、前舱。

（2）FAB法是指在产品推介过程中，销售顾问将产品的特征、优势及带给客户的利益三者结合起来，按照一定的顺序加以描述的销售方法。

（3）FAB法，F代表产品特性（Feature/Fact），描述产品的属性或功效；A代表产品优势（Advantage），描述产品的优点；B代表客户利益（Benefit），即这一优点带给客户的利益。

（4）客户异议是指客户对产品、业务人员、推销方式和交易条件产生怀疑和抱怨，并提出反对意见。

（5）ACE法是指通过认可（Acknowledge）、比较（Compare）和提升（Elevate）三个步骤，认可竞品的优势，比较自身产品和竞品特征进行防守应对，并对自身产品进行优势介绍，突出自身产品优势，提升客户对自身产品的认可度。

📝 **课后习题**

一、选择题

1.（多选）FAB 法中，F、A、B 分别代表（　　　　）。

A. 功效　　　　　　B. 优点　　　　　　C. 效益与价值　　　　　　D. 利益与价值

2. 下列哪个选项没有用到 FAB 法？（　　　　）

A. 这个按钮，可以开启电动侧滑门，是为了方便小朋友开关电动侧滑门，只需要轻按 1 秒电动侧滑门就可以轻松开启，非常方便。

B. 具有脚踢感应式电动侧滑门，只要带着车钥匙在感应区用脚轻轻一踢，车门就会自动开启，在您怀抱小朋友或者手提重物不方便开门时，就能体会到它的便利了。

C. 引领潮流的动感轿跑外观，具备 21 英寸① 大轮毂，配备双 12.3 英寸连贯式大屏。

D. 它采用了三屏联动设计，12.3 英寸液晶仪表盘 12.3 英寸中央屏以及 10.0 英寸的 HUD，可以让您在驾驶过程中眼不离路就能够随时了解行车信息，既方便又安全。

二、判断题

1. 汽车六方位绕车介绍法只能按照从车左前方顺时针开始。　　　　　　　　　　（　　　）

2. 使用 ACE 法时，遇到任何情况，都要对客户进行无条件肯定。　　　　　　　（　　　）

3. FAB 法只能按照 F–A–B 的顺序进行。　　　　　　　　　　　　　　　　　（　　　）

4. 劳模精神、劳动精神、工匠精神是以爱国主义为核心的民族精神和以改革创新为核心的时代精神的生动体现。　　　　　　　　　　　　　　　　　　　　　　　　（　　　）

5. 在沟通过程中，销售顾问应该努力与客户建立情感连接。　　　　　　　　　　（　　　）

🔧 **拓展阅读**

秉情怀　　强技术　　争创新

移山之志，历久弥坚的劳动精神

——中国汽车工业奠基者饶斌

劳模精神、劳动精神、工匠精神是以爱国主义为核心的民族精神和以改革创新为核心的时代精神的生动体现，是鼓舞全党、全国、各族人民风雨无阻、勇敢前进的强大精神动力。在中华人民共和国成立之初，我国并不具有生产汽车的能力，这对国内的经济发展产生了极大的阻碍。经过众人多年的努力，中国轿车的发展突飞猛进，其中最大的功臣之一便是中国汽车工业奠基人饶斌。有人说中国的汽车工业有多少个故事，饶斌这两个字里就有多少的内涵。

---

①　1 英寸 =2.54 厘米。

拓展提升

请扫描二维码了解相关内容。

【移山之志，历久弥坚】劳动精神——中国汽车工业奠基者：饶斌。

任务二　试乘试驾

任务导入

李先生已经来过一次比亚迪 4S 店里，在销售顾问的介绍下基本了解了比亚迪秦 PLUS 2023 款冠军版 DM-i 120KM 卓越型的性能和参数，并且客户表示很喜欢这款车，但是一直没有来店试乘试驾。如果你是销售顾问，如何邀约客户并进行试乘试驾？

学习目标

知识目标：

（1）了解试乘试驾目标和注意事项，了解试乘试驾的重要性；

（2）熟悉试乘试驾专员的职责所在；

（3）熟悉试乘试驾各个环节的要点及话术，熟记试乘试驾流程。

技能目标：

（1）能掌握试乘试驾邀约话术，能成功邀约客户到店或者上门试乘试驾；

（2）能做好试乘试驾前车辆、路线、文件、人员的充分准备；

（3）能独立完成试乘试驾接待，有效与客户沟通，促进产品推介；

素质目标：

（1）能通过试乘试驾前的准备，培养细致、耐心的好品质；

（2）能通过独立完成话术演练，打造独立自主的形象，敢于勇挑重担；

（3）能通过对自主品牌的认可，坚定信念，努力成为新时代的青年。

知识链接

试乘试驾是客户体验汽车产品性能最有效的方式，关系着能否顺利成交；试乘试驾能够让客户通过各种感官切身体会车辆的各项性能；能够强化客户关系，从而确认客户需求，获取更多的客户资料及信息，有利于销售活动的开展。

试乘试驾流程分为试乘试驾准备、试乘试驾中、试乘试驾反馈与商谈。试乘试驾包括静态体验和动态体验。试乘试驾流程如图 2-14 所示。

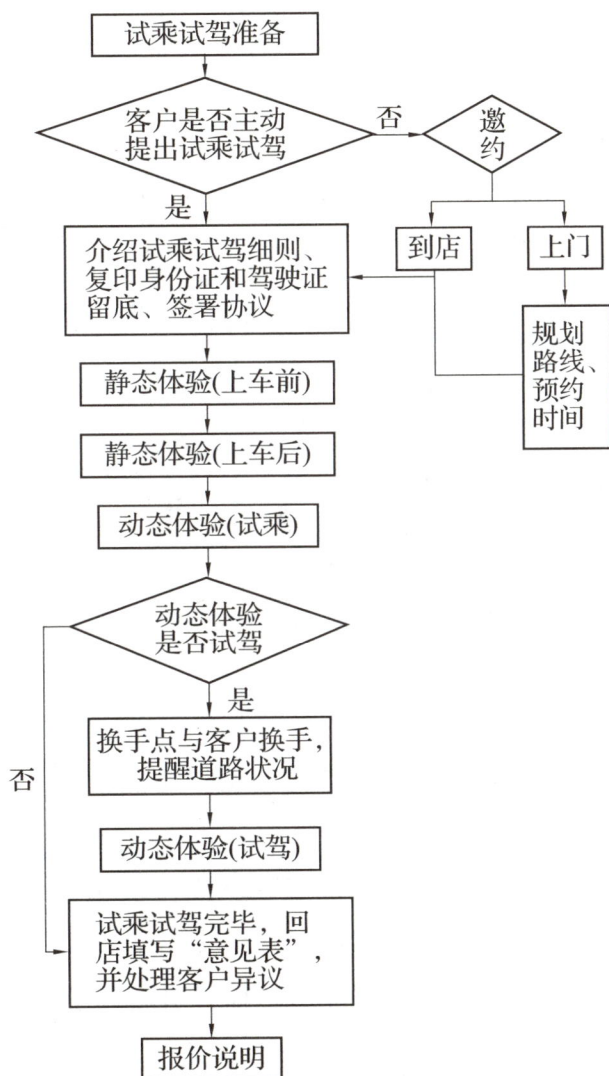

图 2-14　试乘试驾流程图

一、试乘试驾准备

试乘试驾准备包括试乘试驾车辆、路线、文件和人员的准备。

1. 试乘试驾车辆准备

（1）试乘试驾车辆必须是经销店采购的专用车，试乘试驾车辆行驶证、牌照、保险、车辆识别码（VIN）齐全，车辆加贴试乘试驾标志。

（2）车辆摆放在专属位置，确保车内温度适宜（夏季 21~25℃，冬季 25~28℃）。

（3）转向盘和座椅的调整，以能够清晰地观察仪表盘、同时不影响前方视野为准。转向盘和座椅的调整规范如图 2-15 所示。

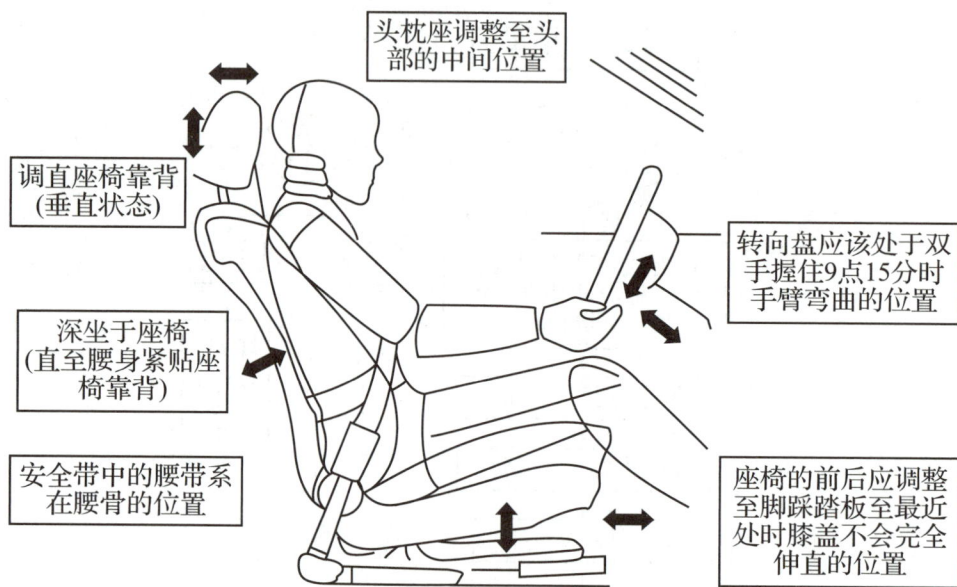

头枕座调整至头部的中间位置

调直座椅靠背（垂直状态）

深坐于座椅（直至腰身紧贴座椅靠背）

安全带中的腰带系在腰骨的位置

转向盘应该处于双手握住9点15分时手臂弯曲的位置

座椅的前后应调整至脚踩踏板至最近处时膝盖不会完全伸直的位置

图 2-15　转向盘和座椅的调整规范

2. 试乘试驾路线准备

（1）试乘试驾路线要尽量避开交通拥挤路段，选择车流量少的路段，确保试乘试驾过程的安全性。

（2）试乘试驾路线要紧密围绕车型体验点展开，应包括起步、直线加速、过弯、制动等各种体验项目，并且该路段应有明显的交通信号标志。

（3）试乘试驾路线包含距离不同的两种路段，应设计换手点，摆放至展厅合适位置。

（4）试乘试驾路线全程驾驶时间应在 12~30 分钟为宜。建议长路线 ≥ 10 千米，时长 ≥ 30 分钟；短路线 ≥ 3 千米，时长 ≥ 12 分钟。

（5）针对多次邀约未试乘试驾的客户，可以尝试提供上门试乘试驾服务，须根据客户意向车型提前规划上门体验路线。某品牌的试乘试驾路线如图 2-16 所示。

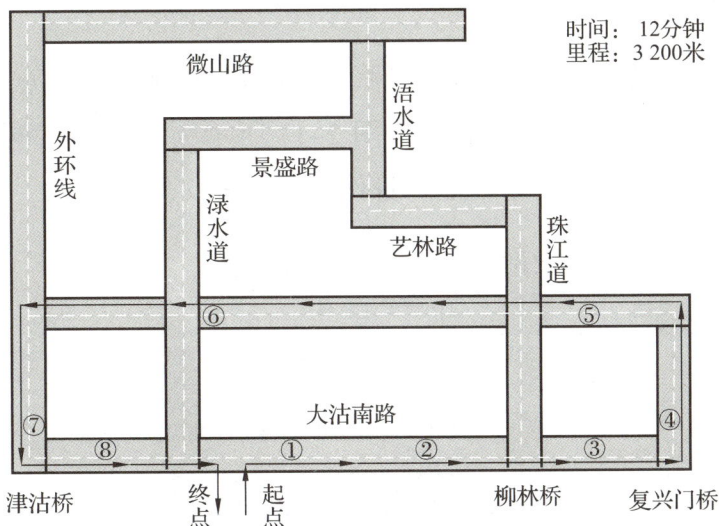

时间：12分钟
里程：3 200米

序号	试驾路面	体验性能	距离	时长
①	平直柏油路面	车辆起步，稳定性	200米	1分钟
②	超长坡柏油路面	上坡直线加速	900米	3分钟
③	短距离下坡	刹车，制动性能	600米	2分钟
④	掉头	转弯半径和过弯稳定性	100米	1分钟
⑤	平直柏油路面	中高速行驶，刹车，变道性能	500米	1分钟
⑥	短距离上坡	加速性能	200米	1分钟
⑦	掉头	稳定性	100米	1分钟
⑧	平直柏油路面	车辆停车，倒车	600米	2分钟

（a）

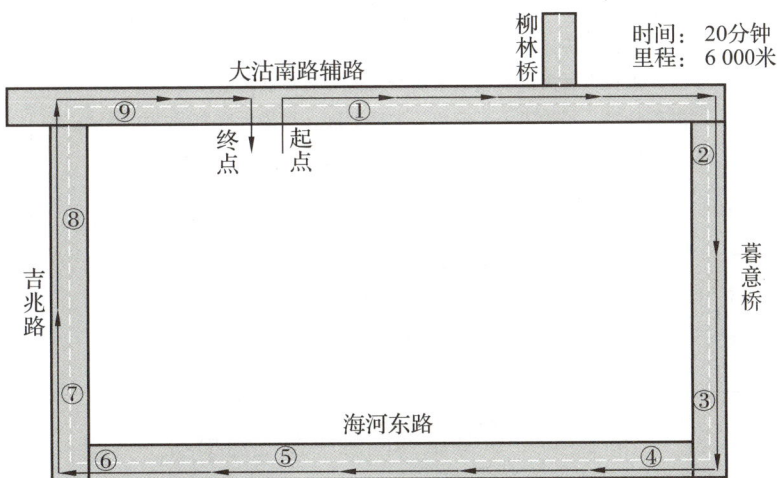

时间：20分钟
里程：6 000米

序号	试驾路面	体验性能	距离	时长
①	平直柏油路面	车辆起步	400米	2分钟
②	平直柏油路面	加速性能	1 200米	3分钟
③	转弯	刹车减速性能	100米	1分钟
④	超长上坡柏油路面	上坡直线加速	1 000米	4分钟
⑤	超长下坡柏油路面	刹车，制动性能	1 000米	4分钟
⑥	转弯	刹车变道	100米	1分钟
⑦	短距离上坡	加速，刹车	800米	2分钟
⑧	短距离下坡	下坡刹车	600米	2分钟
⑨	平直柏油路面	车辆停车，倒车	600米	1分钟

（b）

图2-16　某品牌的试乘试驾路线
（a）路线一；（b）路线二

3. 试乘试驾文件准备

试乘试驾前需要准备好试乘试驾的各种文件，一般包括试乘试驾同意书、试乘试驾路线图、试乘试驾注意事项、试乘试驾意见表等，图2-17所示为试乘试驾同意书及注意事项，试乘试驾前销售顾问应提醒客户带上驾驶证、身份证原件等文件。

欢迎您参加试乘试驾活动!

试乘试驾路线

试乘试驾注意事项：

①请严格遵守驾驶规章制度，保证安全；
②试乘试驾时请全程系好安全带；
③请按照路线图设定的路线驾驶；
④试乘试驾过程中请遵从销售顾问的指示和安排；
⑤严禁在试驾时进行危险驾驶动作；
⑥仅限本人试驾，并提供本人有效驾驶证进行验证。

客户姓名	电话	时间	试乘试驾陪同	销售顾问	备注

试乘试驾同意书

经销店名称：_____
试乘试驾车型：_____

致：

　　本人于____年____月____日参加____车型试乘试驾活动，特此作如下陈述与声明。

　　本人在试乘试驾过程中将严格遵守行车驾驶的法律和要求，并服从贵公司的指示，安全、文明驾驶，尽最大努力保护试乘试驾车辆的安全和完好，否则，因此造成的对贵公司的一切损失，将全部由本人承担。

试乘试驾人签字：_____
身份证号码：_____
驾驶证号码：_____
联系电话：_____

图2-17　试乘试驾同意书及注意事项

4. 试乘试驾人员准备

1）销售顾问个人准备

（1）成为合格的试乘试驾专员前，必须进行试乘试驾培训。取得驾驶证满1年以上的销售顾问方可参与培训。

（2）试乘试驾前，销售顾问应提前向客户说明试乘试驾细则，必须向客户说明先试乘后试驾的体验方式，介绍试乘试驾路线及所需时间，若有试乘试驾的特别活动需提前说明。

（3）试乘试驾过程中，销售顾问要为客户讲解试乘试驾安全规定，应提示试乘试驾人严格遵守道路试驾规定限制驾驶（根据天气和道路情况会有变化）。

2）试乘试驾客户邀约

（1）产品介绍后主动进行试乘试驾邀约。

（2）首次邀约失败后，若客户不愿试乘试驾，询问原因并尝试预约其他时间进行试乘试驾。

（3）针对进店未试乘试驾的客户，销售顾问推荐客户关注经销店汽车品牌公众号等。

（4）告知客户可通过小程序了解产品动态，参与当地社群活动，并可获得礼遇。

（5）针对多次邀约未试乘试驾的客户，可以尝试提供上门试乘试驾服务，激发客户对产品的兴趣，然后尝试再次邀约客户试乘试驾。

二、试乘试驾

试乘试驾中有静态体验和动态体验。静态体验是指车辆在静止的状态下，销售顾问引导客户亲自操作体验，如数字钥匙、车机互联等；动态体验是指车辆在驾驶的状态下，销售顾问引导客户亲自体验汽车舒适性、操控性和动力性。

某纯电动汽车的内场试驾科目要点如表 2-7 所示。

表 2-7　某纯电动汽车的内场试驾科目要点

体验维度	所在路段	体验科目	体验内容	模拟场景
操控体验	1	开阔驾驶视野体验	转向盘一体式顶置仪表盘，发动机舱盖优化设计	小区行驶
	2	超小转弯半径体验	最小转弯半径 5.6 米	地下车库转弯
	3	绕桩稳定性体验	e-TNGA 架构，转向精准性，车身稳定性	避让障碍物
	4	弯道体验	e-TNGA 架构，低重心，行驶稳定性，方向精准性，车随心动	高速匝道
	5	紧急避让体验	方向精准性，底盘稳定性	路遇闯入物
动力体验	6	加速体验	大功率电机，0~100 千米/时加速 7.1 秒	高速超车
舒适体验	7	颠簸路面体验	前麦弗逊悬架，后双连杆悬架	通过减速带
	8	松节气门滑行体验	驾驶顺畅，毫无拖曳感（对比单踏板模式）	路口减速

三、试乘试驾反馈与商谈

试乘试驾结束后，销售顾问要进行试乘试驾反馈与商谈，主要目的是提升试乘试驾对销售成交的促进效率。试乘试驾反馈与商谈要点如下。

（1）试乘试驾结束后，引导客户回到展厅。

（2）客户落座后，主动询问客户的饮品需求，及时提供客户所需的饮品。

（3）邀请客户填写"试乘试驾意见表"，试乘试驾意见表样例如图2-18所示，将客户反馈的内容进行分类，针对不满意的内容，询问原因并逐一解答。

（4）主动询问客户产品介绍是否满足其需求，如客户还有其他需求，则应及时回应客户的疑问；如客户再无其他异议，则应主动尝试进入报价预订环节。

试乘试驾意见表

试乘试驾车型：_____　　　　　　　　___年___月___日

1. 请您就以下项目对试乘试驾车型给出您的意见。

项目				
启动、起步	□好	□较好	□一般	□差	□很差
加速性能	□好	□较好	□一般	□差	□很差
转弯性能	□好	□较好	□一般	□差	□很差
制动性能	□好	□较好	□一般	□差	□很差
行驶操控性	□好	□较好	□一般	□差	□很差
驾驶视野	□好	□较好	□一般	□差	□很差
乘坐舒适性	□好	□较好	□一般	□差	□很差
静谧性	□好	□较好	□一般	□差	□很差
音响效果	□好	□较好	□一般	□差	□很差
空调效果	□好	□较好	□一般	□差	□很差
操控便利性	□好	□较好	□一般	□差	□很差
内部空间	□好	□较好	□一般	□差	□很差
内饰工艺	□好	□较好	□一般	□差	□很差
上下车便利性	□好	□较好	□一般	□差	□很差
外形尺寸	□好	□较好	□一般	□差	□很差
外部造型	□好	□较好	□一般	□差	□很差

2. 您对陪同试驾人员的满意程度。

□很满意　　□满意　　□一般　　□不满意　　□很不满意

3. 您对经销店试乘试驾服务的满意程度。

□很满意　　□满意　　□一般　　□不满意　　□很不满意

4. 您对本款车的整体性能如何评价？

姓名：_____　　　　地址：_____

电话：_____　　　　E-mail信箱：_____

图2-18　试乘试驾意见表

职场园地

主动与沟通——倾听技巧

销售顾问的倾听技巧在与客户交流中起着至关重要的作用。在试乘试驾过程中，鼓励客户表达需求，认真聆听，切记不能打断，可以适当重复客户所述，表达重视，并客观、公正地回应。以下是关键的倾听技巧：时刻专注，销售顾问需要全身心地投入与客户的对话中，避免分心；提问也有助于引导对话，使销售顾问能够更深入地了解客户的想法和期望。通过掌握这些倾听技巧，销售顾问可以更好地理解客户的需求和期望，从而建立更紧密的关系，并提高销售业绩。

实训准备

（1）场地准备：汽车营销仿真实训室。

（2）物品准备：车辆、笔、文件夹、手套、接待桌椅、饮用水、车内必备物品、车型基本资料等。

（3）人员分工：5~6人/组。

（4）工作计划如下。

①学生5~6人分为一组，实训时以小组为单位，每组确定一名组长。

②组长组织本组同学按照下面实践活动要求进行演练，小组成员合理分工。

③小组成员角色轮换。

④小组组长和其他观摩人员为实践演练者评分并提出改进意见。

⑤教师对学生活动进行点评。

试乘试驾流程①

试乘试驾流程②

试乘试驾流程③

任务实训

（1）实践活动一：试乘试驾邀约。

活动名称	试乘试驾邀约	
班级		组号	
活动目的	试乘试驾客户邀约具有一定难度。通过此次演练，让销售顾问更加熟练地掌握试乘试驾前的邀约工作	
活动情境描述	李先生是一位IT公司职员，最近想买一辆比亚迪新能源汽车，他相中了比亚迪秦PLUS 2023款冠军版DM-i 120KM卓越型这款车，并且在店里了解过这款车，但是一直没有来试乘试驾。作为销售顾问，有没有办法让李先生到店试乘试驾	
活动过程话术	×××：李先生，您好！我是上次接待您的销售顾问××，我们店这周有个大型试乘试驾活动，活动期间可以享受免费试乘试驾两次，店里还准备了三重到店好礼，期待您能到店体验，您要是来的话我给您登记，您看可以吗？ 李先生：这周末我出差，可能来不了，下次吧。 ×××：嗯嗯。出差的话确实赶不上我们这次活动了，那我等下次活动的时候给您致电预约可以吗？	

续表

活动过程 话术	李先生：好的。 ×××：好的，祝您生活愉快！ ×××：李先生您好，我是接待您的销售顾问××。我们8月上旬有7折特价车优惠，名额有限，参与试乘试驾的客户才有机会获得此优惠，我给李先生留了一个试乘试驾名额，您看您需要吗？ 李先生：活动确实挺诱人的，但是我这边还有很多事情，而且4S店离我这儿挺远的，我处理完手头上的事情再过去吧。 ×××：确实您平时也挺忙的，公司和家离我们店都还挺远的，过来一趟也确实不方便。要不这样吧李先生，您是我们品牌的忠实粉丝，我们店里最近搞活动，可以为您提供上门试乘试驾服务，我们会提前规划上门试乘试驾路线，李先生，您看您需要吗？ 李先生：这样也可以，那明天下午你们过来吧，麻烦了。 ×××：应该的李先生，您对我们品牌有极高的认同感，这也是我们的荣幸。方便告知您明天试乘试驾的地址吗？我这边给您做一下路线规划。 ×××：好的，祝您生活愉快！明天见

（2）实践活动二：试乘试驾流程。

活动名称	试乘试驾流程		
班级		组号	
活动目的	优秀的试乘试驾能够成功激发客户购买的欲望，这对销售顾问有极高的要求。通过本次试乘试驾演练，熟悉试乘试驾流程，成为一名更加专业的销售顾问		
活动情境 描述	张先生是一位IT公司职员，最近想买一辆比亚迪秦PLUS 2023款冠军版DM-i 120KM卓越型这款车，今天他来店里了解这款车并有意向进行试乘试驾。作为销售顾问，应该如何介绍		
活动过程 话术	×××：张先生，我讲了这么多，是为了让您更深入地了解和认识秦PLUS这款车，我帮您安排一次试驾吧。俗话说买衣服要试穿，那买车就更要试驾了，您说是吧？ ×××：张先生，您这是第一次试乘试驾吗？ 张先生：之前也试乘试驾过的。 ×××：好的，那烦请您出示一下驾驶证。 ×××：这是我们试乘试驾协议，主要提醒我们试乘试驾安全，请您签个字并留下电话。此次试乘试驾按照先试乘再试驾的顺序进行，先由我驾驶车辆带您进行试乘体验，到达换手点后，由您驾驶车辆进行试驾，整个过程会针对车辆的安全性、操控性、运动性、舒适性进行驾乘体验。整个试驾过程大约需要20分钟，试乘试驾期间禁止使用手机，请您遵守道路交通法规，注意交通安全。 ×××：好的，这边请。来，您亲自试一下，您更会感觉这是一款非常优秀的车，同时也正是您想要买的那款车。您试着开关一下车门，听一下声音是不是很厚重。（技巧：学会利用"声音"进行销售。） 开车至指定起点。 ×××：张先生，您可以试着使用一下升级版电动座椅，调整一下座椅的高低、前后和俯仰，来，我来协助一下您。调整很方便吧！舒适感相当好吧！（技巧：介绍副驾座椅的舒适感和调整的便利性，并进行有效的引导。） 张先生：不错，很好！（说明得到张先生的肯定。） ×××：现在，请系好安全带，我们准备起步了。 ×××：咱们这款车采用比亚迪自主研发的DM-i高效动力架构，搭载了骁云1.5升高效发动机和DM-i超级混动专用刀片电池，动力更加强大，应用阿特金森循环和废气再循环，降低燃油消耗，更加环保节能。		

续表

活动过程话术	×××：现在看一下车速，经过刚才 4 秒的加速，现在的车速已经达到了 50 千米 / 时。我们这款车的提速性能在同级车中是数一数二的。 张先生：比卡罗拉双擎的好。 ×××：张先生，前方为我们的换手点，您可以在这里进行试驾，体验一下此车带给您的优越感受。 ×××：现在我将车辆靠边，由您进行驾驶。您请稍等，我为您打开车门。（此时注意将车熄火，钥匙拔掉进行换乘。） ×××：好的，看来您已经非常适应咱们这款车了，出于安全考虑，为了不打扰您的驾驶，我就不做过多介绍了，您看可以吧？前方路段笔直且空旷，您可以试试加速，怎么样？前方的位置咱们可以体验一下转弯性能，是不是特别平顺？ ×××：最后，可以体验一下制动性能，前面就是咱们停靠点了，咱们准备停车了，我来为您开车门。张先生，您的驾驶水平太好了，全程我都觉得坐得很舒服，来，我们回店里休息一下。 ×××：怎么样？张先生，在刚才的试乘试驾中，是不是对这款车有了更深一步的认识。看得出，如果我没有猜错的话，您已经喜欢上这款车了，现在就想马上拥有它，把它开回去给自己的朋友和家人看一看。 张先生：是不错，不过还不能定，还要比较一下。 ×××：那您还需要在哪方面比较？ 张先生：主要是价格方面，这款车是不错，只是价格高了一些。 ×××：看得出，要不是这款车深深打动了您，您也不会告诉我实话。这样吧，有关这方面的问题我们到洽谈室坐下来认真聊一聊，相信一定会让您满意而归

✏️ 评价与反思

（1）实践活动评价表一：试乘试驾邀约。

班级		组号			
序号	评分要点	配分	个人评分	组长评分	教师评分
1	熟悉店内试乘试驾活动话术，提前了解近期客户车辆使用信息	10			
2	准备笔记本和笔，并放在电话旁	10			
3	拨打电话使用礼貌用语，吐字清晰、声音洪亮	10			
4	与客户寒暄，告知店内活动，拉近彼此距离	10			
5	聆听客户回复，随机应变	10			
6	客户拒绝后是否再次争取机会	10			
7	多次拒绝后是否提供上门试乘试驾邀约	10			
8	与客户确认到店时间，并登记到店人数	10			
9	礼貌结束语，确认客户已挂断，再放下听筒	5			
10	正确理解并记录客户信息	5			
11	试乘试驾邀约话术调整的应变能力，时刻关注客户	5			
12	鼓励客户表达所需，认真倾听	5			
合计		100	总成绩：		

（2）实践活动评价表二：试乘试驾流程。

班级			组号			
序号	评分要点		配分	个人评分	小组评分	教师评分
1	主动提出试乘试驾体验；准备笔和文件夹；复印证件前说明用途；双手递交证件和协议；签署协议之前为客户说明细则，包括步骤、路线等；签署协议前询问客户是否同意；表情、礼仪是否到位		10			
2	静态体验上车前是否让客户亲自动手操作体验；表情、礼仪是否到位		10			
3	静态体验上车后为客户开车门；调整座椅；提醒系上安全带；车门关闭音量；讲解功能按键；讲解车型特色；起步前提醒客户		10			
4	试乘体验中提醒客户接下来的项目；加速体验之前提醒客户；过程中体现品牌特色；与竞品车型进行对比		10			
5	换手时为客户开门；调整座椅；提醒系上安全带；车门关闭音量；启动车辆操作讲解；车型特色讲解；提醒路况；与竞品车型进行对比；表情、礼仪是否到位		10			
6	试驾体验中车型特色讲解；提醒路况；与竞品车型进行对比；表情、礼仪是否到位		10			
7	试驾结束前通知客户；询问客户是否还需体验其他项目；询问客户是否满意；表情、礼仪是否到位		10			
8	下车后为客户开门；提前通知客户到店填写"意见表"；为客户递水；感谢客户		10			
9	引导客户购车；为客户解决疑惑；异议处理；添加联系方式；赠送礼品；目送客户		10			
10	试乘试驾过程中话术调整的应变能力，时刻关注客户		5			
11	保持开放心态，引导客户表达		5			
合计			100	总成绩：		

（3）如果客户对这款车感兴趣，但是一直拒绝试乘试驾，你会怎么做？

（4）如果试乘试驾车辆在动态试驾过程中发生了小故障，从而降低了客户的体验感，你会如何对客户进行解释？

✍ 任务小结

（1）试乘试驾是客户体验汽车产品性能最有效的方式，关系能否顺利成交。销售顾问应考虑客户的实际需求及关心的问题，提供专业的讲解，从而为之后的成交打下基础。

（2）试乘试驾流程分为试乘试驾准备、试乘试驾中、试乘试驾反馈与商谈。试乘试驾包括静态体验和动态体验。

📝 课后习题

一、选择题

1. 试乘试驾是客户体验汽车产品性能最有效的方式，请问下面哪一项不是试乘试驾的目的？（   ）

A. 强化客户接待工作。

B. 强化客户关系。

C. 激发客户的购买冲动。

D. 让客户到店试乘试驾。

2. 下面哪一项不是试乘试驾流程中的一步？（   ）

A. 试乘试驾路线的准备。

B. 试乘试驾客户的邀约。

C. 利用 FAB 法讲解车辆六方位。

D. 客户亲自体验车门开启方式。

二、判断题

1. 试乘试驾路线规划时要充分考虑客户安全，不能将高速道路规划在内，否则会影响交通秩序。（   ）

2. 为了能够更好地让客户体验车型特色，销售顾问可以让客户直接进行试乘试驾。（   ）

3. 试乘试驾流程：签订安全协议—确认客户资质—试乘—换手—试驾—反馈。（   ）

4. 劳模精神是指爱岗敬业、争创一流、艰苦奋斗、勇于创新、淡泊名利、甘于奉献的劳动模范精神。（   ）

5. 1956 年 7 月 14 日，第一批共 12 辆解放牌汽车如期下线，宣告了第一汽车制造厂的建成投产。（   ）

🚗 拓展阅读

乘情怀 ➤ 强技术 ➤ 争创新 ➤

逆水行舟，勇立潮头的劳模精神

——中国汽车工业开创者郭力

劳模精神是指爱岗敬业、争创一流、艰苦奋斗、勇于创新、淡泊名利、甘于奉献的劳动模范精神。在劳模精神激励下，千千万万劳动者正在各自岗位上埋头苦干，以自己的拼搏付出、奋发进取汇聚成实现中华民族伟大复兴的磅礴力量。中国汽车工业开创者郭力，是人民的劳动楷模、共和国的功臣，他用汗水浇灌来收获、以实干笃定来前行、靠本领来贡献作为，绽放出坚定的、理想信念的璀璨之光。

🚗 拓展提升

请扫描二维码了解相关内容。

【逆水行舟，勇立潮头】劳模精神——中国汽车工业开创者：郭力。

项目三

订单洽谈与成交

任务一　保险推荐

✏ 任务导入

李先生在比亚迪4S店购买了一辆比亚迪秦PLUS 2023款冠军版DM-i 120KM卓越型轿车，销售顾问在与李先生的沟通中得知其为一年驾龄的新手，对路况不熟悉，车辆主要用途是上下班代步，家庭自用，偶尔跑高速，无固定停放地点。请根据李先生的用车特点，分析其保险需求，为客户设计专属的保险组合。

✏ 学习目标

知识目标：

（1）了解汽车保险销售的渠道；

（2）熟悉常见的汽车保险组合方案；

（3）掌握汽车保险的基本险种和附加险种。

技能目标:

（1）能结合客户的实际用车情况，为客户推荐合适的保险方案；

（2）能为客户选择的保险方案正确报价；

（3）能灵活运用车险销售话术处理客户异议，为客户推荐一条龙服务及其他增值服务。

素养目标:

（1）养成对待工作认真负责、诚实守信的良好品德；

（2）能通过实践演练提升自己的沟通和共情能力及换位思考能力；

（3）能树立正确的安全保障意识，建立尊重生命、关爱生命的价值观。

知识链接

一、汽车保险

1. 汽车保险概述

汽车保险，又称机动车辆保险，是以汽车本身、汽车所有人或驾驶人，因驾驶汽车发生意外所负的责任为保险标的的一种商业保险，承担着汽车由于自然灾害或意外事故造成的人身伤亡或财产损失的赔偿责任。通常，汽车保险承保的机动车辆是指汽车、电车、电瓶车、摩托车、拖拉机、各种机械车和特种车等。

2. 汽车保险结构

汽车保险为不定值保险，由机动车交通事故责任强制保险（简称交强险）和商业保险构成。交强险为国家强制保险，机动车辆不购买交强险不可以上路；商业保险可根据自身需要购买，分为基本险和附加险。

基本险包括机动车第三者责任险（简称三者险）、机动车损失险（简称车损险）、机动车车上人员责任险（简称车上人员责任险）3 个独立的险种，如图 3-1 所示。投保人可以选择投保其中部分险种，也可以投保全部险种。附加险包括医保外用药责任险、车轮单独损失险、绝对免赔率特约条款、发动机进水损坏除外特约条款、新增加设备损失险、修理期间费用补偿险、精神损害抚慰金责任险、法定节假日限额翻倍险等。附加险不可单独承保，需依托主险项下承保。

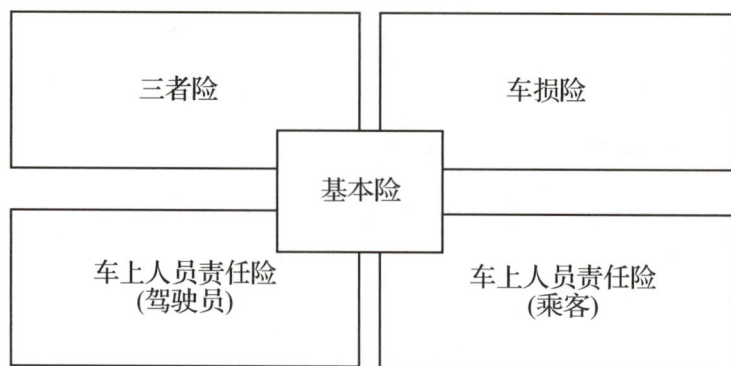

```
┌─────────────────────┐        ┌─────────────────────┐
│                     │        │                     │
│       三者险         │        │       车损险         │
│                     │        │                     │
│            ┌────────┴─┐      │                     │
├────────────┤  基本险   ├──────┤─────────────────────┤
│            └────────┬─┘      │                     │
│                     │        │                     │
│  车上人员责任险       │        │  车上人员责任险       │
│    （驾驶员）         │        │    （乘客）          │
│                     │        │                     │
└─────────────────────┘        └─────────────────────┘
```

图 3-1 基本险

1）交强险

交强险是应《中华人民共和国道路交通安全法》的实行而推出的针对机动车的车辆险种，于 2006 年 7 月 1 日正式施行，根据配套措施的最终确立，于 2007 年 7 月 1 日正式普遍推行。按照《机动车交通安全事故责任强制保险条例》（简称《交强险条例》）的规定，交强险是由保险公司对被保险机动车发生道路交通事故造成受害人（不包括本车人员和被保险人）的人身伤亡、财产损失，在责任限额内予以赔偿的强制性责任保险，属于责任保险中的一种。

2）汽车商业保险基本险

基本险包括车损险、三者险、车上人员责任险 3 个独立的险种。在 2020 年实施的保险新政策中，全车盗抢险从基本险中删除，而车损险则涵盖了全车盗抢险责任。机动车商业保险改革前后对比如表 3-1 所示。投保人可根据自身需要选投部分险种或全部险种。

表 3-1 机动车商业保险改革前后对比

险种（改革前）	额度（改革前）	险种（改革后）	额度（改革后）
三者险	赔付对方人、财产、车辆损失；只能赔付对方住院社保内用药，责任限额为 5 万 ~500 万元，最高赔付 500 万元	三者险	赔付对方人、财产、车辆损失；只能赔付对方住院社保内用药，责任限额为 10 万 ~1 000 万元，最高赔付 1 000 万元
车损险	单独购买，赔付车辆损失	车损险	车损险、全车盗抢、玻璃单独破碎、自燃、指定修理厂、发动机涉水、不计免赔率、无法找到第三方等（不可单独购买，需捆绑销售）
全车盗抢险	单独购买，赔付全车盗抢损失		
自燃险	附加险形式单独购买		
发动机涉水险	附加险形式单独购买		
玻璃单独破碎险	附加险形式单独购买		
无法找到第三方险	附加险形式单独购买		
不计免赔险	附加险形式单独购买		

（1）车损险。

车损险是指被保险机动车遭受保险责任范围内的自然灾害（不包括地震）或意外事故，

造成被保险机动车本身损失，保险人依据保险合同的规定给予赔偿。新版的车险改革规定，车损险包括车损险、全车盗抢险、自燃险、发动机涉水险、玻璃单独破碎险、无法找到第三方险、不计免赔险等险种。

（2）三者险。

三者险是指被保险人或其允许的驾驶员在使用被保险机动车过程中发生意外事故，致使第三者遭受人身伤亡或财产直接损毁，依法应当由被保险人承担的经济责任，保险人负责赔偿。同时，若经保险人书面同意，被保险人因此发生仲裁或诉讼费用的，保险人在责任限额以外进行赔偿，最高不超过责任限额的30%。

（3）车上人员责任险。

车上人员责任险即车上座位责任险，负责赔偿被保险机动车发生意外事故时，导致车上的驾驶员或乘客人员伤亡造成的费用损失，以及为减少损失而支付的必要、合理的施救、保护费用。

3）汽车商业保险附加险

附加险包括医保外用药责任险、车上货物责任险、车轮单独损失险、新增加设备损失险、车身划痕损失险、精神损害抚慰金责任险、法定节假日限额翻倍险、修理期间费用补偿险、绝对免赔率特约条款、发动机进水损坏除外特约条款、机动车增值服务条款11个险种。附加险不可单独承保，需依托主险项下承保，未购买基本险的不能购买附加险。

3. 汽车保费计算公式

1）交强险保费

交强险是国家强制性保险，实行全国统一的费率表，不同大类的车辆保费不同，如表3-2所示。

表3-2 交强险保费费率表（部分）

车辆大类	序号	车辆明细分类	基础保费/元
家庭自用汽车	1	家庭自用汽车6座以下	950
	2	家庭自用汽车6座以上	1 100
非营业汽车	3	企业非营业汽车6座以下	1 000
	4	企业非营业汽车6~10座	1 130
	5	企业非营业汽车10~20座	1 220
	6	企业非营业汽车20座以上	1 270
	7	机关非营业汽车6座以下	950
	8	机关非营业汽车6~10座	1 070
	9	机关非营业汽车10~20座	1 140
	10	机关非营业汽车20座以上	1 320

注：座位的分类都按照"含起点不含终点"的原则来解释。

2）车损险保费

费改后的车损险加入了车型风险相对系数，该系数的厘定综合考虑了不同的损失赔付率、出险频率、零整比等风险因素，分为0.8，0.9，1.0，1.1，1.2五档车型系数，该系数由中国保险行业协会统一制定，客户投保时，为确保保费与车型实际风险对应，车型须据实准确录入。新客户投保时，保险人应根据车辆的合格证、行驶证、发票等信息准确录入车型。投保人续保时，若车辆信息无变化，则按上一年车型录入。车型系数由平台直接查询，保险公司不能修改。车损险基准纯风险保费，由中国保险行业协会统一制定并更新。

（1）投保时，被保险机动车的实际价值等于新车购置价减去折旧金额时，折旧系数如表3-3所示。根据被保险机动车车辆使用性质、车辆种类、车型名称、车型编码、车辆使用年限所属档次，查询基准纯风险保费。表3-4所示为山东地区车损险基准纯风险保费表（部分）。

表3-3　（2021版）汽车商业保险专属条款（试行）的汽车月折旧系数表

车辆种类	月折旧系数			
	家庭自用	非营业	营业	
			出租	其他
9座以下汽车	0.60%	0.60%	1.10%	0.90%
10座以上汽车	0.90%	0.90%	1.10%	0.90%
微型载货汽车	—	0.90%	1.10%	1.10%
带拖挂的载货汽车	—	0.90%	1.10%	1.10%
低速货车和三轮汽车	—	1.10%	1.40%	1.40%
其他车辆	—	0.90%	1.10%	0.90%

表3-4　山东地区车损险基准纯风险保费表（部分）

车辆使用性质	车辆种类	车型名称	车型编码	车辆使用年限				
				1年以下	1~2年	2~3年	3~4年	4~5年
家庭自用汽车	6座以下	北京现代BH7141MY舒适型	BBJKROUC0001	934元	823元	822元	855元	877元
	6~10座	五菱LZW6376NF	BSQDZHUA0114	438元	386元	385元	400元	411元
	10座以上	金杯SY6543US3BH	BJBDRDUA0237	934元	823元	822元	855元	877元

注：在保费表中，凡涉及分段的陈述都按照"含起点不含终点"的原则来解释。

$$折旧金额 = 新车购置价 \times 被保险机动车已使用月数 \times 月折旧系数$$

$$机动车实际价值 = 新车购置价 - 折旧金额$$

折旧按月计算，不足一个月的部分不计折旧。最高折旧金额不超过投保时被保险机动车新车购置价的 80%。新车购置价可参考市场主流专业公司车型库数据汇总整理的车型新车购置价制订，各保险公司获取后存入自己的数据系统，客户投保时调取使用。

（2）投保时，被保险机动车的实际价值不等于新车购置价减去折旧金额时，考虑实际价值差异的车损险基准纯风险保费按下列公式计算。

考虑实际价值差异的车损险基准纯风险保费 = 直接查找的车
损险基准纯风险保费 +（协商确定的机动车实际价值 – 新车购置价减去
折旧金额后的机动车实际价值）× 0.09%

（3）如投保时约定绝对免赔额，则可按照选择的免赔额、车辆使用年限和实际价值查找费率折扣系数，约定免赔额之后的车损险基准纯风险保费按下列公式计算。

约定免赔额之后的车损险基准纯风险保费 = 考虑实际价值差异的
车损险基准纯风险保费 × 费率折扣系数

3）三者险保费

根据被保险机动车车辆使用性质、车辆种类、责任限额直接查询基准纯风险保费，如表3–5 所示。

表 3–5　机动车综合商业保险示范产品基准纯风险保费表（四川）——三者险

车辆种类	车辆使用性质						
	家庭自用汽车			企业非营业汽车			
三者险责任限额	6 座以下	6~10 座	10 座以上	6 座以下	6~10 座	10~20 座	20 座以上
10 万元	285.28 元	337.54 元	337.64 元	368.24 元	423.91 元	340.59 元	712.12 元
15 万元	309.39 元	366.07 元	366.07 元	379.36 元	436.72 元	350.87 元	733.63 元
20 万元	338.08 元	400.01 元	400.01 元	414.06 元	476.68 元	382.98 元	800.75 元
30 万元	365.66 元	432.64 元	432.64 元	456.28 元	525.27 元	422.01 元	882.75 元
50 万元	418.60 元	495.27 元	495.27 元	505.07 元	581.44 元	467.15 元	976.75 元
100 万元	511.47 元	605.16 元	605.16 元	618.67 元	712.22 元	572.21 元	1 196.43 元
150 万元	571.24 元	675.87 元	675.87 元	682.08 元	785.21 元	630.86 元	1 319.05 元
200 万元	624.50 元	738.89 元	738.89 元	738.63 元	850.31 元	683.16 元	1 428.42 元
400 万元	829.03 元	980.88 元	980.88 元	955.77 元	1 100.32 元	889.99 元	1 848.39 元
500 万元	928.10 元	1 098.09 元	1 098.09 元	1 060.95 元	1 221.42 元	981.27 元	2 051.81 元
600 万元	1 025.03 元	1 212.79 元	1 212.79 元	1 163.86 元	1 339.91 元	1 076.45 元	2 250.86 元
800 万元	1 212.52 元	1 434.61 元	1 434.61 元	1 362.91 元	1 569.08 元	1 260.54 元	2 635.84 元
1000 万元	1 391.47 元	1 646.35 元	1 646.35 元	1 552.91 元	1 787.84 元	1 436.27 元	3 003.32 元

4）车上人员责任险保费

根据车辆使用性质、车辆种类、驾驶员/乘客查询纯风险费率，如表3-6所示。计算公式如下。

$$驾驶员基准纯风险保费 = 每次事故责任限额 × 纯风险费率$$

$$乘客基准纯风险保费 = 每次事故每人责任限额 × 纯风险费率 × 投保乘客座位数$$

表3-6　机动车综合商业保险示范产品基准纯风险保费表（四川）——车上人员责任险

车辆使用性质	车辆种类	驾驶员	乘客
家庭自用汽车	6座以下	0.212 2%	0.134 6%
	6~10座	0.201 8%	0.129 4%
	10座以上	0.201 8%	0.129 4%
企业非营业汽车	6座以下	0.212 2%	0.129 4%
	6~10座	0.201 8%	0.119 0%
	10~20座	0.201 8%	0.119 0%
	20座以上	0.212 2%	0.129 4%

注：座位数以行驶证载明的座位数为限，因驾驶座风险系数高于乘客座，所以，驾驶座纯风险费率高于乘客座，在计算保费时，要分别计算。

5）医保外用药责任险保费

根据各公司情况自行制订基准纯风险保费。

以中国平安车险为例，该公司推出的医保外用药责任险保额分别为1万元、3万元和5万元，保费分别为60元、80元和100元左右。

6）新增加设备损失险保费

根据各公司情况自行制订基准纯风险保费。

以中国平安车险为例，新增加设备总价不超过1万元的，统一收取100元左右的保费；1万元以上的，则每万元增加100元保费。

二、汽车保险销售

目前，汽车保险销售以电话车险、4S店代理、网上车险为主流，受政策导向和市场选择的影响，其他模式的业务量正逐渐减少。

1. 电话车险

电话车险是以电话为主要沟通手段，借助网络、短信、邮寄、递送等辅助方式，通过保险公司专用电话营销号码，完成保险产品的推介、咨询、报价、保单条件确认等主要营销过程的业务。根据中国银行保险监督管理委员会规定，拥有电话直销车险牌照的公司，要求电话车险的销售都要集中管理、统一运营，其报价可以在国家最低 7 折限制下再下浮 15%。平安、人保、太平洋、人寿等保险公司拥有电话直销车险牌照。

2. 4S 店代理

4S 店代理有两种情形，一是保险公司派业务员进驻 4S 店销售车险；二是汽车经销商代理销售车险，属于保险兼业代理模式。4S 店代理车险的优势在于服务，在 4S 店购买保险，不仅能得到优惠的车价，还能享受投保、理赔一站式高效、便捷的服务。相较于直销车险，经 4S 店保险业务员专业的分析，车主对车险投保的险种会有更加清晰的了解和理智的选择。

3. 网上车险

随着互联网、网上支付平台的普及和发展，网上车险应运而生。网上车险是指投保人通过互联网向保险人直接投保，是一种新型车险直销。只需登录网销平台（保险公司官网或者电商），输入购车价格、购车时间、车主姓名等相关信息，选择需要投保的险种，就可获得车辆详细的保费清单和即时生效的电子保单，保险人会在 48 小时内将线下投保相同的纸质保单送上门供车主查验。

三、汽车保险方案

目前，汽车保险常用 4 个基本险和 11 个附加险。在这 15 个险种中，除交强险是强制性险种外，其他险种都以自愿为原则，车主可以根据自己的经济实力与实际需求进行投保。目前，常用的汽车保险方案如表 3-7 所示。

表 3-7　常用的汽车保险方案

汽车保险方案	险种组合
最低保障型保险方案	交强险
基本保障型保险方案	交强险 + 车损险 + 三者险
经济保障型保险方案	交强险 + 车损险 + 三者险 + 车上人员责任险
最佳保障型保险方案	交强险 + 车损险 + 三者险 + 车上人员责任险 + 医保外用药责任险
完全保障型保险方案	交强险 + 车损险 + 三者险 + 车上人员责任险 + 医保外用药责任险 + 附加新增加设备损失险

1. 最低保障型保险方案

（1）险种组合：交强险。
（2）保险范围：只对第三者的损失负赔偿责任。

（3）适用对象：急于上牌照或通过车辆年检的个人。

（4）特点：只有最低保障，费用低。

（5）优点：可以用来应付上牌照或通过车辆年检。

（6）缺点：一旦出了事故，对方的损失能得到保险公司的一些赔偿，但自己的损失只能自己负担。

2. 基本保障型保险方案

（1）险种组合：交强险＋车损险＋三者险

（2）保障范围：只投保基本险，不含任何附加险。

（3）特点：费用适当，能够提供基本的保障。

（4）适用对象：有一定经济压力的车主。

（5）优点：必要性最大。

（6）缺点：不是最佳组合，最好加上车上人员责任险。

3. 经济型保险保险方案

（1）险种组合：交强险＋车损险＋三者险＋车上人员责任险。

（2）特点：投保4个最必要、最有价值的险种。

（3）适用对象：精打细算的车主。

（4）优点：投保最有价值的险种，保险性价比最高。

（5）缺点：不是最佳组合，最好加上医保外用药责任险。

4. 最佳保障型保险方案

（1）险种组合：交强险＋车损险＋三者险＋车上人员责任险＋医保外用药责任险。

（2）特点：在经济保障方案的基础上，加入了医保外用药责任险。

（3）适用对象：一般是公司或个人。

（4）优点：投保价值大的险种，不花冤枉钱，物有所值。

5. 完全保障型保险方案

（1）险种组合：交强险＋车损险＋三者险＋车上人员责任险＋医保外用药责任险＋新增加设备损失险。

（2）特点：保全险，居安思危、有备无患。能保的险种全部投保，从容上路，不必担心种种风险。

（3）适用对象：经济充裕的车主。

（4）优点：几乎与汽车有关的全部事故损失都能得到赔偿。投保人不必为少保一个险种得不到赔偿而承担投保决策失误的损失。

四、汽车保险销售推荐话术

1. 险种推荐话术

1）商业保险推荐话术

车损险是肯定要投保的，保障您的爱车遭受保险责任范围内的自然灾害或意外事故而造成车辆本身损失时，能根据损失情况得到相应的赔偿。三者险保障您在车辆使用过程中万一发生意外事故，造成第三者人身伤亡或财产直接损毁的，帮您保200万元。再加上5座的车上人员责任险。如果您车上平时乘坐的人比较多并且不固定，那建议您保额可以稍高一点。

附加险可以加上医保外用药责任险和新增加设备损失险。医保外用药责任险是三者险的补充险种。三者险只能覆盖外用的医疗保险费用，医保外用药责任险可以赔偿医疗保险以外的费用，起到补充作用，这样您就不用自己花钱付医药费了。新增加设备损失险是保障您爱车的新增设备，这个险种可以直接赔偿车辆发生碰撞等意外事故造成的车上新增设备的损失。这样您就保了全险，从容上路，不必担心各种风险了。

2）三者险推荐话术

××先生/女士，了解您希望既保障全面又能节省保费的心情，国家推出的交强险只是保障了车主最基本的需求，经中国银行保险监督管理委员会调整后的保额总计才20万元，除了死亡、伤残最高赔付18万元外，医疗和财产损失都只有1.8万元和2 000元的限额，对于财产损失的赔付限额没有调整。据统计，车险事故中95%以上都是财产损失事故，大多数都是车辆碰撞，每次事故产生的车辆维修费少则上千元，多则几万元，交强险在这部分的赔付限额最高只有2 000元，所以只买交强险是远远不够的，需要三者险来补充，使保险更加充分。为您加保200万元的三者险，您看够吗？

3）车损险推荐话术

自己车辆的损失更重要，车险改革之后车损险包含车损险、全车盗抢险、自燃险、发动机涉水险、玻璃单独破碎险、无法找到第三方险、不计免赔险等险种。车辆被偷盗、高空坠物砸破玻璃或者夏季高温车辆自燃等情况出现，都是车损险进行赔付。无论是交强险还是三者险都是为对方保障的，车损险就是保障我们本车损失的，投保车险的客户基本会选择购买，现在为您加上吧？

4）车上人员责任险推荐话术

汽车是个贵重物品，相信您也同意。但比起车子来，人才是最珍贵的。现在车辆的保障都有了，您还可以投保一个车上人员责任险，是保障我们自己的，而且还可以选择座位投保，只投保驾驶座也是可以的，额度也可以根据实际情况自行选择，这样一来，这个座位无论谁坐都能得到保障，花小钱买平安，何乐而不为？

2. 保险方案销售话术

（1）基本保障型保险方案如表 3-8 所示。

表 3-8　基本保障型保险方案

保险方案	交强险 + 车损险 + 三者险（100 万元）
建议话术	×× 先生 / 女士： 　　您好，您的车要投保交强险，这是国家规定必须投保的。如果您的车不投保交强险就上路，一旦交警抓住，除了要扣车直到补交交强险外，还要处以保费 2 倍的罚款。多不划算呀！除了交强险，您一定要投保三者险作为补充。单独投保交强险对于经常在路上行驶的汽车来说，保障是远远不够的。您别看交强险保额是 20 万元，可那是分项赔偿的。交强险在您有责任的情况下，对第三者的医疗费用最多赔 1.8 万元，财产损失最多赔 2 000 元，现在医药费这么贵，看个骨折花上一两万元都很正常，再加上误工费、护理费……1.8 万元根本不够用。 　　车损险用于赔付您自己车辆的损失，也是必投保的项目，之前的一些单独购买的附加险都包含在其中了，投保车险的客户基本会选择购买，现在为您加上吧？ 　　为了能够安心驾驶，您一定要选择三者险作为补充，以消除后顾之忧。三者险建议您投保 100 万元的，因为 50 万元的三者险保障还是低了一些。而且，三者险赔起来是不分项的，不管是医疗保险还是财产损失费用，都在这 100 万元限额里出。您看这个险种多值！花点钱，图个放心
话术要点	对于交强险，要做一些简单的介绍，细致地说明交强险的分项赔偿原则并适当地举例说明，最后给出交强险保障不够的结论，从而引入车损险，介绍车险改革政策，让客户知道车损险中包含的险种，购买该险种的必要性，再引入三者险，并对三者险的卖点进行深入的说明，挖掘客户的风险需求

（2）经济保障型保险方案如表 3-9 所示。

表 3-9　经济保障型保险方案

保险方案	交强险 + 车损险 + 三者险（200 万元）+ 车上人员责任险（1 万元 ×5 座）
建议话术	×× 先生 / 女士： 　　对于您的车，交强险是国家法律规定一定要投保的。三者险推荐您投保 200 万元的。对于一般的交通事故，100 万元基本够用了，但是 200 万元的三者险比 100 万元的保障提高了一倍，保费却相差不大，相当于每天才多交几毛钱，那心里踏实多了，所以还是建议三者险投保 200 万元的。 　　车损险用于赔付您自己车辆的损失，是个性价比很高的险种，对于您的车来说，平均一天也就多交几元钱，还赶不上您 1 小时的停车费呢。 　　知道您追求最高的性价比，尽量花最少的钱得到最高的保障，有一款车上人员责任险，相当于是个意外险，保费也不贵。买的是放心，买的是保障，何乐而不为
话术要点	推荐经济保障型保险时，一定要根据客户表现灵活调整，因为经济保障型客户顾虑较多，所以可以通过利益分析影响其选择。在对车损险和车上人员责任险做推介时，一定要突出介绍 3 个险种的性价比，最好能够通过列举来说明投保与不投保的损失情况

（3）最佳保障型保险方案如表3-10所示。

表3-10　最佳保障型保险方案

保险方案	交强险＋车损险＋三者险（300万元）＋车上人员责任险（5万元×5座）＋医保外用药责任险（5万元）
建议话术	××先生/女士： 　　要想让您的车得到比较全的保障，一定要投保"全险"。首先，交强险是必须投保的，它赔偿的是交通事故中第三者的人身伤亡的财产损失。交强险实行的是分项赔偿原则，死亡、伤残最多赔20万元，医疗费用最多赔1.8万元，财产损失最多赔2 000元。俗话说"不怕一万就怕万一"，万一发生了交通事故需要赔偿，这点钱是远远不够的，必须投保三者险作为补充。三者险保额分为50万元、100万元、200万元……鉴于道路上高档车越来越多，稍不注意剐蹭到了就要赔偿几万元，建议您投保300万元的，比较实惠，同时也能得到比较充分的保障。 　　车损险用于赔付您自己车辆的损失，也是必投保的项目，平时车出现的一些意外都可以走保险，自然灾害所造成的损失也可以赔付。对于您来说，一天几块钱，是相当实惠了。 　　车上人员责任险是对交通事故中车上人身伤亡负责赔偿的险种，相当于是个意外险，还是不记名的。保费也便宜，才100多元，就为每人买了个保障。 　　医保外用药责任险是三者险的附加险种。三者险能覆盖外用的医疗保险费用，其余部分需要肇事车主自行支付，而医保外用药责任险则弥补了需要自行支付的费用，也就是说保险公司会赔偿医疗保险以外的费用。这个险种实用性极强，把您在医院的费用都给赔付了，省心又省事
话术要点	要专业、系统、全面地讲解汽车存在的各种风险及各险种的卖点。风险故事能引发客户的想象，让客户身临其境，适当地举例说明能促进保险的销量

五、汽车保险销售异议处理

汽车保险销售顾问学习汽车保险销售话术，可以提高说话和销售技巧，为客户提供更简明、清晰的解答和优质的服务。在与客户交往当中避免不了需要解决客户的异议，在真实的异议处理场景之中要礼貌回复、冷静处理，彰显自身职业素养，如图3-2所示。

图3-2　汽车保险销售异议处理场景

真正的汽车保险销售话术不仅仅是说话的艺术，更是汽车保险销售顾问为客户提供优质服务的体现。在给客户推荐保险方案时，会遇到客户忙、价格贵、优惠少、服务差等问题，作为一名合格汽车保险销售顾问，要将丰富的保险知识与优质的保险产品内化吸收，然后组织语言让客户更容易接受。汽车保险销售异议处理场景如表3-11所示。

表3-11　汽车保险销售异议处理场景

场景一	客户说："你们公司保费太高了。"
	一般客户在选择一样产品时，会注意3件事：产品的品质、优质的售后服务、最低的价格。但现实中，鱼与熊掌不可兼得，也就是说，同时满足这3项要求是不太可能的，就好比奔驰汽车不可能卖桑塔纳的价格一样。所以有时候多投资一点，就能得到您真正想要的东西，还挺值得的，您说对吗？ 　也许您在其他公司投保是同样的价格，但在我们公司投保，服务却是不一样的。我们公司可以提供拖车、送加油卡、搭电、免费换轮胎等服务。您通过其他途径投保也许价格真的会便宜一点，但是相关的服务是否有保障就很难说了。理赔时少赔，或者出险不及时，这也不是您愿意看到的。而这些在我们公司都是有保障的。我们在全国有××家分公司，无论您在哪里出险，都有查勘员及时前往现场。像这样优质的服务，不是每一家保险公司都能做到的
场景二	客户说："前两天还有电话车险给我打电话，那边价格比你们要便宜一点。"
	现在电话营销只有价格优惠，没有服务承诺，您连办理保险的销售顾问都见不着，您理赔的时候找谁呢？ 　虽然保费便宜了，可一旦碰到保险理赔的问题，您要先垫付理赔费用，然后再到保险公司办理理赔手续，会耽误很多时间。另外，如果客户自己到4S店做理赔评估，很可能产生价差，这个价差是需要您自己承担的。 　如果您自己不支付价差，外面的非4S维修店面可能会给您使用非原厂的零配件，甚至有些维修站会将您爱车上正厂的零配件"偷梁换柱"，这个损失就大了！我们是正规的4S店，有严格的监管。您在我们店里维修，服务质量和维修质量都是有保证的

🚗 职场园地

敬业与责任——敬业精神

　　敬业精神是一种重要的岗位素养，体现了销售顾问对工作的专注、负责和热情。力求干一行爱一行，努力成为行业的行家里手，敬业精神如何体现，可以在保险推荐的过程中从以下几个方面着手。

　　1. 深入了解保险产品。

　　敬业的销售顾问会花时间深入了解各种汽车保险产品，通过不断学习和更新知识，确保能够为客户提供准确、全面的保险推荐方案。

　　2. 关注客户需求。

　　敬业的销售顾问会认真倾听客户的需求，理解他们对汽车保险的期望和关注点，并根据客户的实际情况和风险承受能力，提供个性化的保险推荐方案。

3. 诚信与透明。

在推荐保险产品时，不过分夸大其词或隐瞒重要信息，需明确告知客户保险产品的优点和潜在风险，以便客户做出明智的决策。

4. 耐心解答疑问。

当客户对保险产品或推荐方案有任何疑问，销售顾问会耐心解答，愿意花费额外的时间和精力，确保客户充分理解。

实训准备

（1）场地准备：汽车营销仿真实训室。

（2）物品准备：桌椅、名片、保险资料卡等。

（3）人员分工：5~6 人 / 组。

（4）工作计划如下。

①学生 5~6 人分为一组，实训时以小组为单位，每组确定一名组长。

②组长组织本组同学按照下面的实践活动要求进行实践演练，小组成员合理分工。

③小组成员角色轮换。

④小组组长和其他观摩人员为实践演练者评分并提出改进意见。

⑤教师对学生活动进行点评。

保险推荐流程

任务实训

（1）实践活动一：保险方案推荐流程。

活动名称	保险方案推荐流程		
班级		组名	
活动目的	保险方案推荐是客户购买保险的一个重要环节，如何根据车辆使用情况、车主需求推荐合适的保险方案是销售顾问需要具备的基本能力和素养。通过该情境的实际演练，销售顾问应学会分析车主需求，为其提供合适、满意的保险方案		
活动情境描述	李先生通过预约到店进行试乘试驾之后，已经购买比亚迪秦 PLUS 2023 款冠军版 DM-i 120KM 卓越型汽车。作为销售顾问，如何为李先生推荐合适的保险方案		
活动过程话术	×××：李先生，车的保险您考虑买哪家的？我们这边有人保、平安和太平洋三家保险公司，都是大保险公司。 李先生：保险啊，你们的太贵了，而且我朋友就是在太平洋保险公司卖保险的，跟他说好了，提了车就去找他办。 ×××：李先生，请您放心，我们公司是不会强迫车主买保险的。但是，我们都知道，汽车在外面跑，磕磕碰碰的风险是在所难免的，所以买好保险相当重要。因此，作为您的销售顾问，我很期望您能给我几分钟时间，我想给您介绍一下购买保险的标准。		

活动过程话术	李先生：嗯…… ×××：我们推荐按这样的方式投保，包括车损险、三者险、全车盗抢险、玻璃单独破碎险、车身划痕损失险、不计免赔险等。这些险种的作用您都知道吧？而且，除了险种，还有一个要注意的问题就是保额，特别像三者险。为了用车安心，三者险我们都推荐客户选择高一些的责任限额，其实费用差距并不大，保额200万元的三者险只比保额100万元的多400多元，几百元的差距，不就是和朋友吃顿饭的事情吗？ 李先生：不过我朋友都说好了，他会给我出好保险的。 ×××：确定保险方案只是一方面，另一方面就是在哪里买。买了保险以后还要考虑后续保险服务，如果不跟保险理赔结合起来，保单就是张废纸。目前，保险渠道除了4S店，无非就是保险公司直销、电话车险、亲戚朋友帮办等几种。 ×××：您朋友应该是保险公司的吧？其实在定损之前，哪里的保险都一样，差距是从定损开始，之后就是维修。品牌车的车主一般都愿意在4S店修车，因为4S店的维修工艺好，而且都采用纯正配件，但正因如此，4S店的维修价格也高一些。可是，客户自己在外面的保单，保险公司给出的定损价格往往是严重不足的，比如，有时一辆损失3万元的车，可能只能定损2万元，价差高达1万元！ 李先生：你说得也有道理。 ×××：对于保险公司而言，为了提高利润，一定会严格控制赔款的，而定损就是最重要的一个控制环节。因此，对于一般的保险事故车，保险公司只会按照市场上平均甚至最低的配件价格和维修价格来定损，而这个价格和4S店的维修价格相差很大。但是，我们和保险公司是有定损价格协议的，保证我们的客户在发生保险事故后，保险公司会按照4S店的标准来定损。所有在我们店投保的保单，都有认证协议的保障，事故车的定损价格都会严格按照我们比亚迪原厂配件及比亚迪的售后服务标准维修工艺的要求来确定。您觉得这样的服务还需要您担心太多吗？您觉得这个价值是不是远远超出您所多付的这几百元？ 李先生：既然这样，保险你替我代办了，买太平洋保险吧。到时候记得帮我跟进一下。 ×××：好的，李先生，谢谢您的支持。保费我找太平洋保险公司工作人员给您算准确，您看好吗？ 李先生：好的，谢谢

（2）实践活动二：保险方案推荐异议处理。

活动名称	保险方案推荐异议处理	
班级		组名
活动目的	在与客户推荐保险方案时，会遇到客户忙、价格贵、优惠少、服务差等问题，这是难以避免的。但作为合格的销售顾问，要灵活运用保险专业知识和人文关怀尽力去解决客户提出的问题，提供优质的服务。通过该情境的实际演练，销售顾问应学会灵活处理客户异议，换位思考，让客户充分体会到被理解和被尊重	
活动情境描述	比亚迪4S店销售部每个月开一次月总结会议，会议会针对上个月保险销售过程中遇到的异议，集中讨论和分析，为下一次提供更好的服务。作为销售顾问，应该如何处理客户异议	

活动过程话术	李先生：你们这里保险怎么这么贵呀！外面电话车险比你们便宜好几百元呢。 ×××：电话车险确实便宜一些，但是您车险买了，就是为了之后理赔处理得方便一些，您说是吧？电话车险都是在线上办理，您连办公地点都不知道在哪，理赔方面得不到保障，而且一旦出了意外事故，理赔费用需要您自行先垫付，再去走报销流程，其中的差额是需要您自己承担的。在我们这里办理，不仅有理赔一站式服务，而且您有问题可以随时来店沟通，给您维修换件也都是从原厂发来的，品质有保障，服务看得见。 李先生：我就投保交强险吧，其他险种感觉也用不上。 ×××：交强险是国家强制保险，您是必须投保的，但是交强险实行的是分项赔偿原则，死亡、伤残最多赔 18 万元，医疗费用最多赔 1.8 万元，财产损失最多赔 2 000 元。俗话说"不怕一万就怕万一"，万一发生了交通事故需要赔偿，这点钱是远远不够的，建议您再投保三者险，保第三方的人身伤害和财产损失的。花小钱可以给您提供行车保障，何乐而不为？ 李先生：别的公司都送礼品，为什么你们公司不送？ ×××：咱们保险公司给您直接在保费上优惠了 15%，相当于直接给您折现了，比赠送礼品实惠多了。省下的钱您可以自己购买喜欢的东西，多划算啊！ 李先生：你先帮我垫付一下保费，过两天我再来付款。 ×××：李先生，我先把保费的金额发给您，但是现在保险公司实行见费出单，如果保险公司没有收到保费，是不能出单的。我看您爱车保险快到期了，如果没有按时续保，万一在续保空档期间发生意外，对您是非常不利的

评价与反思

（1）实践活动评价表一：保险方案推荐流程。

班级		组号			
序号	评分要点	配分	个人评分	组长评分	教师评分
1	自信大方，礼貌接待	5			
2	礼貌倾听客户诉求	5			
3	了解客户真实用车需求	5			
4	根据客户用车需求，设身处地提供合适的保险方案	10			
5	灵活运用保险推荐话术并结合客户需求点	10			
6	推荐保险方案时，留意客户反应，重点介绍	10			
7	语速适中，吐字清晰，声音洪亮	10			
8	对保险方案中的险种简明扼要地介绍	10			
9	详细讲解交强险分项赔偿原则	10			
10	切勿强买强卖，切勿给客户施加压力	5			
11	面对客户的疑问，耐心讲解，确保客户充分理解	10			
12	介绍保险方案时不过分夸大和隐瞒重要信息，实事求是	10			
合计		100	总成绩：		

（2）实践活动评价表二：保险方案推荐异议处理。

班级		组号			
序号	评分要点	配分	个人评分	组长评分	教师评分
1	认真倾听客户的问题，挖掘客户本质需求	5			
2	确定客户所选车型及配置	5			
3	换位思考，站在客户的角度分析问题	10			
4	分析电话车险理赔的弊端，不拉踩	10			
5	分析 4S 店投保理赔的优势，不夸大	10			
6	分析单独投保交强险的弊端	10			
7	讲解交强险分项限额的明细	5			
8	灵活应对客户异议	10			
9	巧妙回答客户要求先垫付保费的要求	5			
10	回答客户问题要真诚，适当眼神交流	5			
11	语速适中，吐字清晰，声音洪亮	5			
12	花时间深入了解汽车保险产品，确保为客户提供准确的保险推荐方案	10			
13	耐心听取客户的需求，为客户提供合适的保险方案	10			
合计		100	总成绩：		

（3）如果办理车险交谈过程中客户固执己见，应该如何进行下一步的沟通？

（4）如果因为你粗心大意，不小心将客户选择的保险方案投保出错，应该怎么处理？

📝 任务小结

（1）汽车保险是以汽车本身、汽车所有人或驾驶人因驾驶汽车发生意外所负的责任为保险标的的一种商业保险，承担着汽车由于自然灾害或意外事故造成的人身伤亡或财产损失的赔偿责任。

（2）基本险包括三者险、车损险、车上人员责任险 3 个独立的险种。

（3）附加险包括医保外用药责任险、车上货物责任险、车轮单独损失险、新增加设备损失险、车身划痕损失险、精神损害抚慰金责任险、法定节假日限额翻倍险、修理期间费用补偿险、绝对免赔率特约条款、发动机进水损坏除外特约条款、机动车增值服务条款 11 个险种。

（4）汽车保费计算公式需根据车辆使用性质、车辆种类、责任限额查询不同险种的费率表，且各个地区费率表有些许不同。

📝 课后习题

一、选择题

1. 汽车保险的基本险不包括（　　　）。

A. 车损险　　　　　　B. 三者险　　　　　　C. 车上人员责任险　　D. 交强险

2. 交通事故的赔偿内容主要包括第三者的人身伤亡和（　　　）两部分。

A. 信誉损失　　　　　B. 精神损失　　　　　C. 财产损失　　　　　D. 经济损失

二、判断题

1. 汽车保险合同是定值保险合同。　　　　　　　　　　　　　　　　（　　）

2. 交强险是商业保险。　　　　　　　　　　　　　　　　　　　　　（　　）

3. 车险改革后，自燃险包含在车损险之中。　　　　　　　　　　　　（　　）

4. 敬业的销售会花时间深入了解各种汽车保险产品，通过不断学习和更新知识，确保能够为客户提供准确、全面的保险推荐方案。　　　　　　　　　　　　（　　）

5. 在推荐保险产品时，不过分夸大其词或隐瞒重要信息，需明确告知客户保险产品的优点和潜在风险，以便客户做出明智的决策。　　　　　　　　　　　　（　　）

🚗 拓展阅读

秉情怀　➤　强技术　➤　争创新

勇攀高峰，敢为人先的科学家精神

——中国汽车技术引领者孟少农

孟少农，湖南常德桃源县人，汽车工程专家，中国科学院学部委员（院士），毕生致力于汽车工业建设事业，是新中国汽车工业技术的主要奠基人，成功地领导了中国第一汽车制造厂、陕西汽车制造厂和第二汽车制造厂几代产品的研制和开发，为我国汽车工业的发展作出了贡献。作为我国第一代汽车设计科学家，孟少农用生命诠释了爱国、创新、求实、奉献、协同育人的科学家精神，在中国汽车技术发展史上留下了不可磨灭的足迹。

🚗 拓展提升

请扫描二维码了解相关内容。

【勇攀高峰，敢为人先】科学家精神——中国汽车技术引领者：孟少农。

任务二　金融推荐 ②

📝 任务导入

　　李先生是一位 IT 行业的技术开发人员，第二次来到 4S 店。李先生擅长人际交往，性格外向，对服务品质要求较高。之前对该品牌有一定了解，曾到其他品牌专卖店看过车，并对比亚迪秦 PLUS 2023 款冠军版 DM-i 120KM 卓越型这款车非常感兴趣。今天特地到 4S 店里来找销售顾问，想了解这款车的价格和金融方案。作为销售顾问，应该如何正确、规范地向客户介绍并推荐这款车的金融方案？

📝 学习目标

知识目标：

（1）了解广义的汽车金融和狭义的汽车金融基本概念，明白二者的区别；

（2）熟悉汽车消费信贷业务的办理流程和所需资料，为客户提供更高质量的服务；

（3）掌握利率计算的公式，了解金融方案推荐要点，进一步促进交易的成功。

技能目标：

（1）能根据汽车金融产品种类，为客户制作一份合适的汽车金融方案，提升客户对销售顾问的信任，进而促进成交；

（2）能合理推荐汽车金融产品，及时调整金融方案并灵活应对客户存在的各种异议；

（3）能独自完成汽车消费信贷业务办理的整个流程。

素养目标：

（1）能在给客户推荐汽车金融方案时，做到诚信守法，维护自身良好形象；

（2）能在给客户推荐汽车金融方案时，独自梳理汽车消费信贷业务的办理流程，为客户提供透明和准确的信息，避免夸大其词或隐瞒重要信息；

（3）能在给客户推荐汽车金融方案时，持续学习和更新知识，以确保推荐行为符合法律法规的要求。

知识链接

一、汽车金融的概念及类型

1. 汽车金融的概念

汽车金融的含义分为广义和狭义。广义的汽车金融涵盖整个汽车产业链，涉及从研发和生产，到流通和销售，再到使用和回收各个环节。广义的汽车金融是指在汽车的生产、销售、维修服务及消费者购买过程中，通过货币流动和信用渠道进行的筹资、融资及相关金融服务的一系列金融活动的总称。狭义的汽车金融主要服务于汽车的销售环节，又分为经销商汽车金融和零售汽车金融。狭义的汽车金融是指在汽车销售环节过程中，通过货币流动和信用渠道进行的筹资、融资及相关金融服务等的金融活动。

2. 汽车金融的类型

汽车金融的分类，如图 3-3 所示。广义的汽车金融包括研发、生产、销售及回收四个环节，而狭义的汽车金融指的是销售环节，包括经销商汽车金融和零售汽车金融。

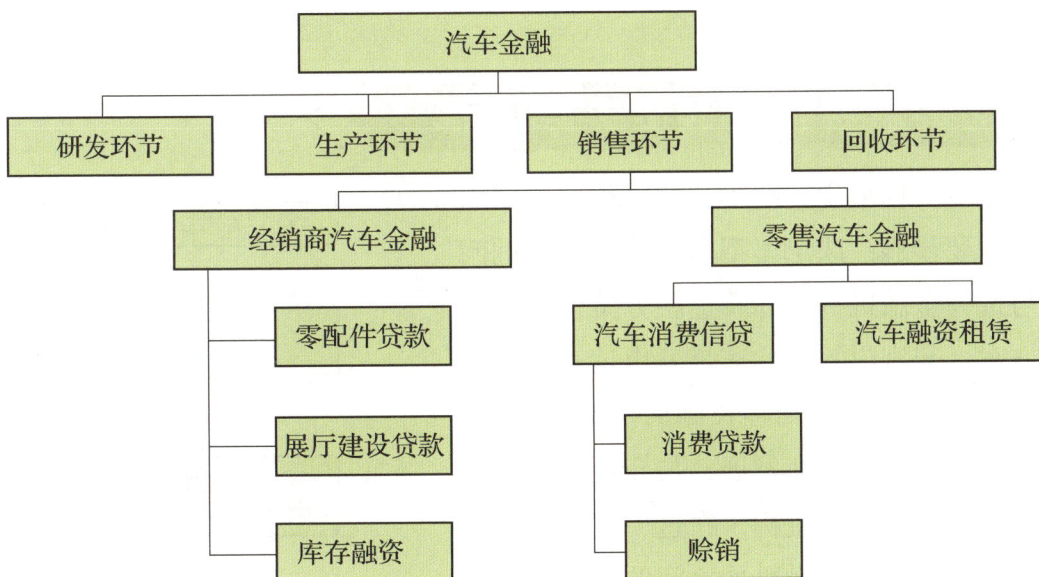

图 3-3   汽车金融的分类

经销商汽车金融是为汽车销售者提供的服务，服务的对象包括汽车经销商、4S 店、代理商等，主要用于采购汽车、零配件及展厅建设等。

零售汽车金融是为汽车购买者提供的金融服务，主要用于消费者购买新车、二手车。零售汽车金融是指金融机构（包括商业银行、汽车金融公司、财务公司等其他非银行金融机构）向新车、二手车的消费者提供的融资服务。其中汽车消费信贷和汽车融资租赁是零售汽车金融最主要的两种形式。

二、利率及汽车金融政策

1. 利率定义

利率是一定时间内利息金额与借款金额的比率。

2. 利率的单位及换算

一般来说，利率根据计量的期限不同，表示方法有年利率、月利率、日利率。银行年利率通常用"%"表示，读作"百分号"；月利率用"‰"表示，读作"千分号"；日利率用"‱"表示，读作"万分号"。

（1）日利率（‱）= 月利率（‰）/30= 年利率（%）/360。

（2）月利率（‰）= 年利率（%）/12。

3. 利率相关的计算公式

（1）首付 = 车款总价 × 首付比例；利息 = 车款总价 × 利率。

（2）年利息 = 车款总价 × 年利率；月利息 = 年利息 /12。

（3）日利息 = 年利息 /360= 月利息 /30。

三、汽车消费信贷业务办理流程

对汽车金融机构来说，购车贷款流程可以归纳为以下几个主要步骤：选定车型与确认价格、询问客户需求与选择金融机构、计算金融方案预算并推荐合适的方案、与客户签订购车贷款申请表、提交贷款申请、待审核合格通知客户到店提车。如今，国内汽车金融公司正在迅速发展，与商业银行共同成为国内主要的汽车金融机构。在这一流程中，销售顾问作为客户与汽车金融机构之间的桥梁，起着至关重要的作用。

汽车消费信贷业务办理流程如图 3-4 所示。

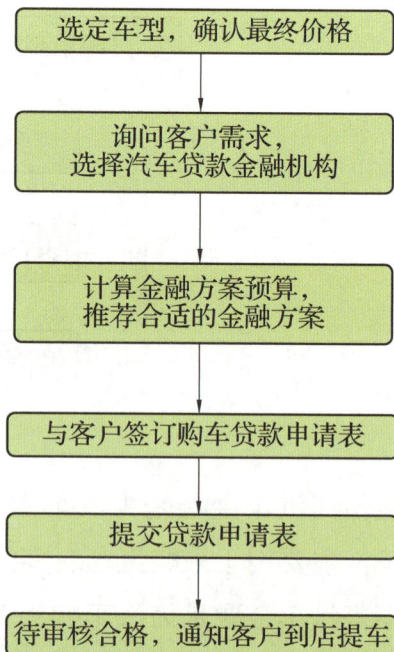

四、贷款申请表

某汽车金融公司的贷款申请表样例如图 3-5、图 3-6 所示。

选定车型，确认最终价格

↓

询问客户需求，
选择汽车贷款金融机构

↓

计算金融方案预算，
推荐合适的金融方案

↓

与客户签订购车贷款申请表

↓

提交贷款申请表

↓

待审核合格，通知客户到店提车

图 3-4　汽车消费信贷业务办理流程

某汽车金融有限公司贷款申请表（个人）							
贷款信息	车型型号		销售价格		金融产品		
	贷款金额		贷款明细		首付比例		尾款金额
借款人信息	姓名				性别	男　女	
	身份证号码				出生日期	年　月　日	
	婚姻状况	□单身 □已婚 □离婚 □丧偶			家庭人数		
	配偶姓名		配偶证件类型		配偶证件号码		
	配偶单位				配偶联系电话		
	教育程度	□硕士 □本科 □大专 □中专及高中 □初中 □小学			户籍所在地	□本地 □非本地	
	户籍地址				微信或QQ		
	现居住地址				居住地址邮编		
	现居住地居住时长	年　月　（此处填写须是累计居住时长）					
	现居住房地产类型	□全款自购商品房 □全款自购经适房 □按揭自购商品房 □按揭自购经适房 □公司房 □直系亲属房 □租赁房 □自建房 □宅基地 □公产房 □小产权房					
工作信息	单位名称						
	单位地址				单位地址邮编		
	职位				单位固定电话		
	本单位开始工作时间	年　月　日			月收入	元	
	单位行业类型	□采矿业 □制造业 □建筑业 □金融业 □房地产业 □教育 □国际组织 □批发和零售业 □住宿和餐饮业 □卫生和社会工作 □租赁和商务服务业 □交通运输、仓储和邮政业 □电力、热力、燃气及水生产和供应业 □居民服务、维修和其他服务业 □水利、环境和公共设施管理业 □信息传输、软件和信息技术服务业 □科学研究和技术服务业 □农、林、牧、渔业 □公共管理、社会保障和社会组织 □文化、体育和娱乐业 □其他					
紧急联系人	注意：紧急联系人必须为借款人配偶、父母、子女等直系亲属，若无则可填借款人其他亲属、朋友、同事						
	姓名				与借款人关系		
	联系电话				微信或QQ		
	联系地址						
	姓名				与借款人关系		
	联系电话				微信或QQ		
	联系地址						
借款人声明及承诺	1. 本人提供的所有资料及信息是完整、真实、合法有效的，本人承诺承担因提供不实资料所引起的一切法律责任；本人同意经销商在贷款人贷款业务系统中录入上述与之相关的贷款信息，并按照贷款人的规定办理贷款手续。 2. 本人同意并授权贷款人或其授权代理人，向中国人民银行金融信用信息基础数据库查询及报送个人信用信息，并为贷款相关服务所进行的贷前审批、贷后管理等工作保存、使用该信息；本人同意并授权贷款人在中国人民银行、中国银行保险监督管理委员会及派出机构等有权机会对贷款人进行审计、检查或其他有需要时向其提供相关信息。 3. 本人授权贷款人在中国银行保险监督管理委员会等有关政府机构、全国公民身份信息系统、第三方征信机构以及法律法规许可的任何其他相关方查询本人信用及身份等信息，并为贷款相关服务项目的贷前审批、贷后管理等工作时保存、使用该信息。 4. 本人知悉并承认以此申请作为同意向贷款人申请汽车贷款的依据，且无论贷款是否获批，本申请表所填内容及相关授权均持续有效。 5. 本授权书自本人签字之日起生效，至相关信贷业务完全结束终止。 6. 若被授权人未按中国人民银行规定的用途超出授权查询本人信用信息，导致的一切后果及法律责任由被授权人承担，本人确认签字，仔细阅读并完全理解本申请表的全部内容						

图3-5 某汽车金融公司贷款申请表样例1

借款人：		联系电话：				
共同借款人：		身份证号：		联系电话：		
担保人：		身份证号：		联系电话：		
经办人：		经办人联系电话：		经办日期：		

<table>
<tr><th colspan="7" align="center">某汽车金融公司共同借款人填写</th></tr>
</table>

共同借款人信息	主借人姓名		共同借款人姓名		性别		与借款人关系	
	身份证号码			出生日期	年 月 日		居住地址邮编	
	婚姻状况	□单身 □已婚 □离婚 □丧偶		配偶姓名			配偶联系电话	
	配偶证件类型		配偶身份证号				担保人微信或QQ	
	户籍地址				现居住地址			
	现居住地居住时长	年 月 （此处填写须是累计居住时长）			教育程度		□硕士 □本科 □大专 □中专及高中 □初中 □小学	
	现居住房产类型	□全款自购商品房 □全款自购经适房 □按揭自购商品房 □按揭自购经适房 □公司房 □直系亲属房 □租赁房 □自建房 □宅基地 □公产房 □小产权房						
	单位名称			单位地址邮编			单位固定电话	
	单位地址				职位			
	本单位开始工作时间	年 月 日			月收入		元	
	单位行业类型	□采矿业 □制造业 □建筑业 □金融业 □房地产业 □教育 □国际组织 □批发和零售业 □住宿和餐饮业 □卫生和社会工作 □租赁和商务服务业 □交通运输、仓储和邮政业 □电力、热力、燃气及水生产和供应业 □居民服务、维修和其他服务业 □水利、环境和公共设施管理业 □信息传输、软件和信息技术服务业 □科学研究和技术服务业 □农、林、牧、渔业 □公共管理、社会保障和社会组织 □文化、体育和娱乐业 □其他						

<table>
<tr><th colspan="7" align="center">担保人填写</th></tr>
</table>

担保人信息	主借人姓名		担保人姓名		性别		与借款人关系	
	身份证号码			出生日期	年 月 日		居住地址邮编	
	婚姻状况	□单身 □已婚 □离婚 □丧偶		配偶姓名			配偶联系电话	
	配偶证件类型		配偶身份证号				担保人微信或QQ	
	户籍地址				现居住地址			
	现居住地居住时长	年 月 （此处填写须是累计居住时长）			教育程度		□硕士 □本科 □大专 □中专及高中 □初中 □小学	
	现居住房产类型	□全款自购商品房 □全款自购经适房 □按揭自购商品房 □按揭自购经适房 □公司房 □直系亲属房 □租赁房 □自建房 □宅基地 □公产房 □小产权房						
	单位名称			单位地址邮编			单位固定电话	
	单位地址				职位			
	本单位开始工作时间	年 月 日			月收入		元	
	单位行业类型	□采矿业 □制造业 □建筑业 □金融业 □房地产业 □教育 □国际组织 □批发和零售业 □住宿和餐饮业 □卫生和社会工作 □租赁和商务服务业 □交通运输、仓储和邮政业 □电力、热力、燃气及水生产和供应业 □居民服务、维修和其他服务业 □水利、环境和公共设施管理业 □信息传输、软件和信息技术服务业 □科学研究和技术服务业 □农、林、牧、渔业 □公共管理、社会保障和社会组织 □文化、体育和娱乐业 □其他						

借款人（必填）：		借款人身份证号（必填）：		联系电话：	
共同借款人：		联系电话：			
担保人：		联系电话：		经办时间：	

图3-6 某汽车金融公司贷款申请表样例2

借款人、共同借款人及担保人三者之间的关系如图 3-7 所示。

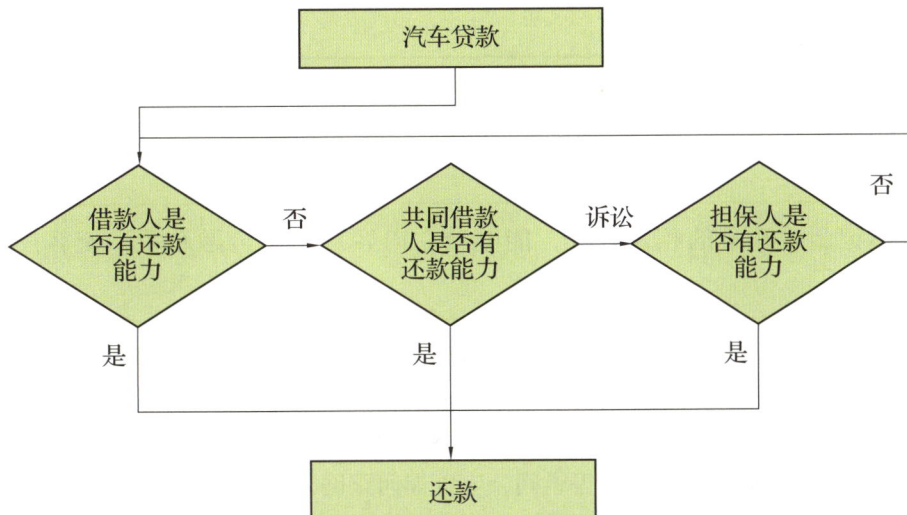

图 3-7 借款人、共同借款人、担保人三者之间的关系

职场园地

敬业与责任——遵纪守法

  在给客户推荐汽车金融方案时，应做到诚信守法，严格执行国家法律法规和各项监管规定，共同维护行业整体利益和良好形象，促进行业规范健康发展。销售顾问需要深入了解并学习相关的金融法律法规，包括但不限于反洗钱法、证券法、银行法等。销售顾问在推荐金融产品或服务时，应向客户提供透明和准确的信息，包括产品的性质、风险、收益等。避免夸大其词或隐瞒重要信息，以免误导客户。总之，在金融产品推荐过程中保证遵纪守法，需要销售顾问的共同努力，营造良好的合规文化，提供透明和准确的信息，尊重客户权益，并持续学习和更新知识。

实训准备

（1）场地准备：汽车营销仿真实训室。

（2）物品准备：车辆、笔、文件夹、手套、接待桌椅、计算器等。

（3）人员分工：5~6 人 / 组。

（4）工作计划如下。

①学生 5~6 人分为一组，实训时以小组为单位，每组确定一名组长。

②组长组织本组同学按照下面实践活动要求进行演练，小组成员合理分工。

③小组成员角色轮换。

④小组组长和其他观摩人员为实践演练者评分并提出改进意见。

⑤教师对学生活动进行点评。

金融推荐流程

任务实训

（1）实践活动一：金融政策介绍。

活动名称	金融政策介绍		
班级		组号	
活动目的	熟记金融政策的相关内容，能够独立向客户介绍金融政策，使客户对金融政策清晰、明了		
活动情境描述	张先生第二次来到 4S 店。张先生擅长人际交往，性格外向，对服务品质要求较高，之前对该品牌有一定了解，曾到其他品牌专卖店看过车，并对比亚迪秦 PLUS 2023 款冠军版 DM-i 120KM 卓越型这款车非常感兴趣。今天他特地到 4S 店里来找销售顾问，想了解这款车的金融政策。作为销售顾问，应该如何正确、规范地向客户介绍这款车的金融政策		
活动过程话术	×××：张先生，现在您已经对我们秦 PLUS 这款车有了一个全面的了解，这款车的特点非常能满足您的需求。另外，汽车作为大件的消费品，您是如何考虑付款方式的？ 张先生：我是一次性付款。 ×××：张先生，看来您资金很充裕，不愧是有实力的人！您这个车打算开多长时间更新？ 张先生：现在的车一般 3~5 年更新吧。 ×××：那您有没有考虑过，汽车是消耗品，新车开过 1 年以后，贬值幅度是 25% 左右，3 年之后基本上只值新车的 60% 了。所以，您全款购车似乎不划算。我建议您选择分期付款购买，用别人的钱买车，用自己的钱投资嘛。 张先生：你讲得有道理。你们分期付款是哪个银行的？利息怎么算？ ×××：我们的分期付款是上海汽车金融机构。现在秦 PLUS 车型可以享受 1 年免息或 2 年低息的优惠政策。 张先生：能解释一下吗？ ×××：好的，张先生。第一个方案：1 年免息贷款，您只需要付车款的 50%，就可以把车拿走。贷款不需要每个月还款，只需要在贷款后的第 12 个月一次性把另外 50% 的尾款付清就可以了；第二个方案：2 年低息贷款，您可以享受最低 30% 的首付，贷款 70%，每天只需要付 150 元就可以了。像您这样职业背景的客户属于优质客户群体，综合起来，我建议您选择第一种方案。 张先生：听你这么说还是挺不错的。那我就按照你说的选择第一种方案吧。需要提供什么资料？ ×××：张先生，感谢您的支持。您只需要提供身份证、驾驶证、近半年的银行流水和房产证明或居住证明就可以了。资料准备齐全后，最快 2 个工作日审核批复。 张先生：好的，那就选择分期付款吧		

（2）实践活动二：金融方案推荐流程。

活动名称	金融方案推荐流程		
班级		组号	
活动目的	为客户制订合适的金融方案，并成功进行推荐		
活动情境描述	李先生是一位 IT 行业的技术开发人员，第二次来到 4S 店。李先生擅长人际交往，性格外向，对服务品质要求较高。李先生已经确定购买比亚迪秦 PLUS 2023 款冠军版 DM-i 120KM 卓越型这款车，今天特地到 4S 店里来找销售顾问，想了解这款车的金融方案。作为销售顾问，应该如何规范地制订金融方案并推荐给客户		
活动过程话术	李先生：最近正在纠结选择哪个贷款方案，你可以给我推荐一下吗？ ×××：请问李先生希望月供不超过多少？ 李先生：月供最好不要超过 2 500 元吧。 ×××：好的，我这就给您算一下。 ×××：李先生，您看一下方案表，这是我结合您的需求制订的金融方案。有两种金融方案推荐给您：一种是首付 15%、分 60 期还款；另一种是首付 50%、分 36 期还款。两种金融方案的年利率都是 3.6%。 李先生：这两种方案有什么区别吗？ ×××：您可以看看这里，这款车的指导价是 14.58 万元，按照第一种方案计算，加上保险费和服务费，落地价就是 15 万元了。您首付大概 3 万元左右，贷款 12 万元，分 60 期，年利率是 3.8%，所以您月供 2 380 元。（年利息 =120 000×0.038=4 560（元）；月利息 = 4 560/12=380（元）；月供 =120 000/60+380=2 380（元）） ×××：另一种方案，首付 8 万元左右，贷款 7 万元，分 36 期。这种金融方案是免息的，所以您月供 1 944 元（月供 =70 000/36=1 944（元））。 李先生：那第一种方案为什么不免息？ ×××：李先生，第一种方案是选择银行作为汽车金融机构，第二种方案则是选择比亚迪金融公司作为汽车金融机构。银行可以做到超低首付、长贷短还；比亚迪金融公司可以做到免息、贴息。都有利弊，就看您需要哪种方案了。 李先生：那我选择免息的话，你们还会有其他补贴吗？ ×××：那肯定是有的，如果您手上有现钱，您完全可以选择首付 50%、36 期免息。而且还会给您赠送原价 5 888 元的装具套装，包括原厂贴膜、原厂脚垫、行车记录仪等。 李先生：那选择首付 15%、分 60 期，会送给我装具套装吗？ ×××：很抱歉李先生，那这个 5 888 元的装具套装就得您出费用购买了，因为这是比亚迪金融公司的优惠活动，并不属于银行。所以我还是建议李先生您选择首付 50%、36 期免息，不仅免息，而且还能免费拥有原厂装具套装，可以说是相当划算了。 李先生：这样一说确实是这样，好的，那就选择第二种方案吧。 ×××：好的，李先生，由于贷款审批需要些时间，所以我还是建议您早一点提交贷款申请，方便您早日提车。那请问李先生今天打算提交贷款申请吗？ 李先生：我和家人商量一下，你先去拿贷款申请表，我们先看一下。 ×××：好的，您喝水稍等一会儿，我去取贷款申请表		

评价与反思

（1）实践活动评价表一：金融政策介绍。

班级		组号			
序号	评分要点	配分	个人评分	组长评分	教师评分
1	仪容、仪表得当，发式整齐，整体搭配协调	10			
2	礼貌用语，落落大方，保持微笑	10			
3	认真倾听客户的需求，并耐心回答客户的问题	10			
4	详细为客户解释说明	10			
5	与客户进行互动，引导客户	10			
6	贷款计算基本没有错误	15			
7	贷款计算速度适当	15			
8	与客户沟通的灵活变通能力	10			
9	诚信守法，严格遵守国家法律法规	10			
	合计	100	总成绩：		

（2）实践活动评价表二：金融方案推荐流程。

班级		组号			
序号	评分要点	配分	个人评分	组长评分	教师评分
1	仪容、仪表得当，发式整齐，整体搭配协调	5			
2	礼貌用语，落落大方，保持微笑	5			
3	制订金融方案前咨询客户需求	5			
4	制订两种金融方案供客户选择	5			
5	制订的金融方案要记录在方案表上	5			
6	方案表上字迹清晰且整齐	5			
7	详细介绍每种金融方案，且用词准确、清楚	10			
8	详细介绍每种金融方案，适当时能指出介绍内容在表中的位置	10			
9	手指指在讲解的位置上，不能遮挡，讲解语速要慢	10			
10	比较两种方案时用词得当	10			
11	比较两种方案时要根据客户需求做出调整	10			
12	咨询客户是否满意某种方案。如果都不满意，咨询原因，并更换金融方案	5			
13	客户满意金融方案后要引导客户签订合同和贷款申请表	5			
14	合理为客户推荐一条龙服务及其他增值服务（保险、上牌代办、精品业务、按揭等）	5			
15	诚信守法，严格遵守国家法律法规	5			
	合计	100	总成绩：		

（3）如果客户执意要全款买车，还说分期付款是一种欺骗消费者的行为，打算投诉销售顾问，如果你作为销售顾问，应该如何处理？

（4）如果客户说："你今天要是能免费送我一套5 888元的装具套装，我今天就能订车。"态度非常强硬，如果你作为销售顾问，应该如何处理？

任务小结

（1）汽车金融的含义分为广义和狭义。广义的汽车金融涵盖整个汽车产业链，包含从研发和生产，到流通和销售，再到使用和回收各个环节。狭义的汽车金融是指在汽车销售环节过程中，通过货币流动和信用渠道所进行的筹资、融资及相关服务等的金融活动。

（2）汽车消费信贷是指贷款人向自然人发放的用于购买汽车（含二手车）的贷款，其中主要是指购买家用轿车满足自身日常出行所申请的贷款，包括消费贷款和赊销。

课后习题

一、选择题

1.汽车金融有广义和狭义之分，下列（　　　）属于汽车金融狭义的范畴。

A.研发　　　　　　　　　　B.生产

C.销售　　　　　　　　　　D.回收

2.汽车消费信贷包含两种类型，在汽车销售中（　　　）更加适用。

A.消费贷款　　　　　　　　B.赊销

C.库存融资　　　　　　　　D.零配件贷款

二、判断题

1.汽车消费信贷包含汽车金融，汽车消费信贷的含义范围大于汽车金融。（　　　）

2.在制订汽车金融方案前不需要咨询客户需求便可以直接计算预算表。（　　　）

3.办理汽车消费信贷业务时，销售顾问不仅要负责客户的贷款申请，还要负责客户的资信调查和确认。（　　　）

4.工匠精神，是一种职业精神，是职业道德、职业能力、职业品质的体现，是从业者的一种职业价值取向和行为表现。（　　　）

5.1980年7月，邓小平同志视察了由黄正夏领头装配的全世界最先进的一条12 000吨热模锻压连续自动化生产线。（　　　）

拓展阅读

秉情怀 → 强技术 → 争创新

闯关夺隘，匠人匠心的工匠精神

——中国汽车工业革命者黄正夏

工匠精神，是一种职业精神，是职业道德、职业能力、职业品质的体现，是从业者的一种职业价值取向和行为表现。1953 年，第一汽车制造厂开工建设之时，毛主席的一句"要建设第二汽车厂"，让人们对第二汽车制造厂的未来充满期许，但这之后所经历的坎坷、曲折和艰辛却几乎令所有人士失语。在众多建设者中，黄正夏是极具传奇色彩的开创者之一。

拓展提升

请扫描二维码了解相关内容。

【闯关夺隘，匠人匠心】工匠精神——中国汽车工业革命者：黄正夏。

任务三　报价签约 ③

任务导入

李先生是一位 IT 行业的技术开发人员，第二次来到 4S 店。李先生擅长人际交往，性格外向，对服务品质要求较高，之前对该品牌有一定了解，曾到其他品牌专卖店看过车，并对比亚迪秦 PLUS 2023 款冠军版 DM-i 120KM 卓越型这款车非常感兴趣，有很强的订车意向。今天他特地到 4S 店里来找销售顾问了解这款车的价格。作为销售顾问，应该如何规范地向客户进行报价并达成交易、签署合同？

学习目标

知识目标：

（1）了解汽车增值业务的重要性以及汽车报价成交前的准备；

（2）熟悉报价成交的流程，根据流程进行报价，提高灵活应变的能力；

（3）掌握报价和洽谈策略，通过学习各种技巧，促进成交；

（4）掌握签署合同的准备工作，结合签署合同的注意事项进行操作。

技能目标：

（1）能掌握多种报价方法和技巧，充分利用各种机会促成交易；

（2）能有效进行精品业务推荐，准确把握时机，结合客户需求进行推荐；

（3）能熟知报价签约流程，掌握签署合同的基本方法与技巧，提高执行力。

素养目标：

（1）能在报价签约前，做好充分准备，借助报价单、备忘录，分清主次顺序；

（2）能在报价签约时，意识到时间的重要性，尽量避免延误，提升效率；

（3）能在报价签约时，保持灵活和应变能力，根据实际情况调整时间和计划，创造性地解决工作中出现的偶发性问题和困难，以确保交易的顺利进行。

📝 知识链接

洽谈与成交流程：车辆展示与推介→推荐增值业务→报价成交→签署合同→车辆交付与跟踪，如图3-8所示。销售顾问为客户进行车辆展示与推介，进入洽谈与成交环节，销售顾问根据客户的需求，结合增值业务进行报价，洽谈成功后进入签署合同阶段，最后进行车辆交付和售后跟踪。

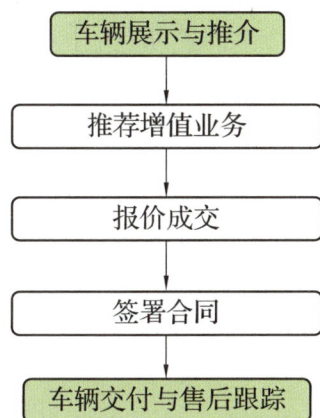

图3-8　洽谈与成交流程

一、推荐增值业务

保险业务和信贷业务作为两大主要的增值业务，已经在前面任务中进行了详细的介绍，但在报价签约中还涉及其他的增值业务，如精品业务和二手车置换业务等，销售顾问需了解常见的增值业务，促进成交。

1. 汽车增值业务

汽车增值业务是相对新车销售业务而言的，可满足客户更高层次的需求。常见的汽车增值业务服务项目包括信贷业务、保险业务、精品业务及二手车置换业务。每个汽车增值业务都有相应的推荐要点，如表3-12所示。

表3-12　汽车增值业务及推荐要点

汽车增值业务	推荐要点
信贷业务	主动提供信贷方案，帮助客户降低购买的现金支出； 为客户介绍信贷的利弊，推介信贷方式购车的好处

汽车增值业务	推荐要点
保险业务	销售顾问专业介绍保险的险种，突出店内投保能为客户带来的利益
精品业务	介绍精品商品的品质，突出精品商品能够为车辆及客户带来的附加价值； 通过现有改装库存车、试驾车，强调客户体验，能够更好地促进销售
二手车置换业务	突出本店二手车置换业务的专业、实惠、省心； 销售顾问与二手车评估人员沟通，对新旧车进行折价。结合置换政策，提供合理、便利、优于二手车市场的服务，有利于达成置换成交

2. 精品业务

汽车精品又称汽车附件，简单来说是指应用于汽车美容及防护、汽车装饰、汽车改装等汽车电子零部件的相关产品。精品业务的分类如图3-9所示。

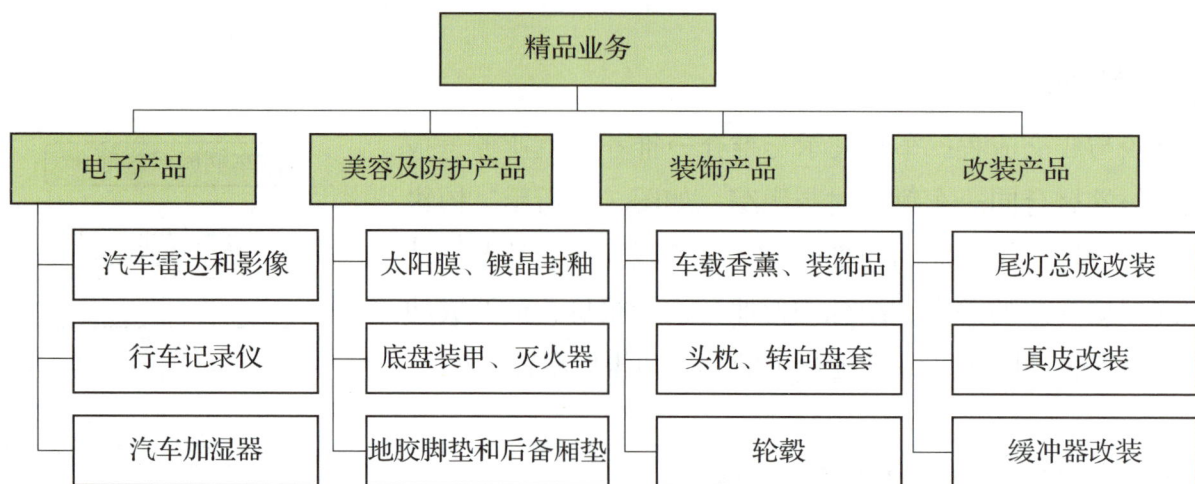

图3-9　精品业务的分类

3. 二手车置换业务

二手车置换业务是指客户用二手车的评估价值加上另行支付的车款，从品牌经销商处购买新车的业务。二手车置换业务流程：客户确定置换意向，销售顾问联系二手车评估人员；二手车评估人员对汽车进行评估定价，销售顾问陪同选订新车；客户确认二手车评估结果，签订二手车购销协议及置换协议；置换二手车的钱款直接冲抵新车的车款，销售顾问带领客户补足新车差价后（新车需交钱款＝新车价格－二手车评估价格），办理提车手续。在此期间客户可以自主提交置换补贴申请。二手车置换业务流程如图3-10所示。

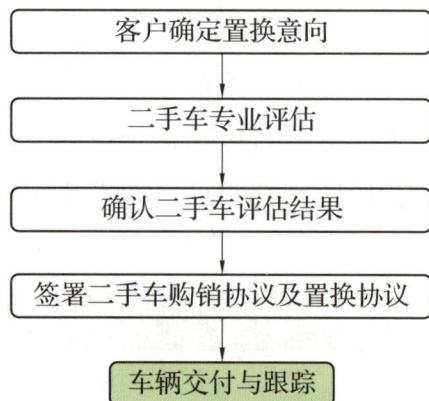

图3-10　二手车置换业务流程

报价中会涉及二手车置换补贴，置换补贴的多少由置换车型及置换补贴政策决定。某品牌不同车型的置换补贴政策如图 3-11 所示。

置换补贴政策			
新车	旧车		政策期限
	某品牌	非某品牌	
EV 冠军版	5 000 元	2 500 元	2023 年 10 月 1 日至 2023 年 12 月 31 日（以新车销服登记日期为准）
元 PLUS 冠军版	2 000 元	1 000 元	
EV 豪华版	8 000 元	4 000 元	
MAX DMI	4 000 元	2 000 元	

时间节点及收集要求
1. 新旧车处理时长 ≤ 60 天； 2. 系统提报时长 ≤ 20 天； 3. 所有资料须提供原件照片，不得出现水印，不得使用扫描件，要求内容完整、清晰； 4. 新车登记销售日期 ≤ 48 小时； 5. 置换补贴政策以新车登记销售日期所在月/季度下发的政策为准

车型要求
包括八座及以下四轮乘用车轿车、SUV、MPV、微面、轻客、皮卡； 不包括货车（沉皮卡）、客车（九座及以上）、拖拉机、四轮越野摩托车

申请资料	
换购	报废
新车发票	新车发票
新车行驶证	新车行驶证
交易发票	旧车行驶证
旧车行驶证	旧本照片
旧本照片	机动车注销证明
产权证信息页面	机动车回收证明

图 3-11　某品牌不同车型的置换补贴政策

二、报价成交

1. 报价单的准备

销售顾问手执报价单进行报价是最佳的报价方式，在正式与客户洽谈之前要熟知报价单的内容。报价单内容包括个人基本信息、增值服务、报价合计及注明等。比亚迪新车报价单如图 3-12 所示。

个人基本信息				
客户姓名		电话		
意向车型		颜色		
订/定金		裸车售价		
报价明细				
代办服务	代缴购置税			
	上牌服务费			
保险	交强险		保险合计	
	三者险			
	车损险			
	车上人员责任险			
	不计免赔险			
	全车盗抢险			
精品			精品合计	
全款购车预算	合计			
贷款购车预算	贷款金额			
	贷款期限			
	月供款			
	首付款			
	其他			
置换服务				
□换购 □增购 □报废				
车主姓名		车牌号		
车辆品牌		VIN		
置换补贴		二手车评估		
注:(1)以上费用仅供参考,当天有效; (2)贷款金额最终由银行根据购车人资质确定				
客户经理签订: 联系电话: 日期:				

图3-12　比亚迪新车报价单

全款购车预算 = 裸车售价 – 订/定金 + 购置税 + 上牌服务费 + 保险合计 + 精品合计 – 置换补贴。

2. 报价方法和技巧

价格是洽谈的核心，是各方的利益焦点，直接关系交易的成败。

1）报价策略

报价不仅要考虑经销店的利益，还要考虑客户接受的可能性，应反复比较与权衡，寻求双方利益的最佳结合点。洽谈双方都有各自的目标价格体系，即最高目标、争取目标和最低目标。高于客户的最高目标，洽谈就不可能成功。

（1）高价发盘。报价又称发盘。销售顾问以较高价格进行报价，提高了产品价格的整体上限，为后面的洽谈留有较大余地。但是同时也要注意，价格不能高到荒谬的程度，让客户感觉漫天要价和故意杀价，从而使信誉扫地、谈判失败。

（2）要有信心。即使报价很高，也不能流露出信心不足，更不能表示出歉意。在报价前对所报价格不解释、不评论。销售顾问在报价前应慎重、周密思考，根据客户类型选择最佳的报价。一旦报价，就应该严肃对待，坚定自己的想法。

（3）准确明白。准确报价是指报价数字不能含糊不清，要有确切的数字，要让客户对价格的明细清晰、明了。销售顾问最好是拿着报价单进行报价，写明相应的数字，递给客户，增加视觉印象，以免出现数字上的差错。

2）洽谈策略

（1）让步与进攻策略。洽谈中，双方都希望得到对自身有利的洽谈结果，在洽谈中，如果让步与进攻策略运用得当，对洽谈的成功将有促进作用。当销售顾问遇到客户的进攻时，应该花时间去考虑如何化解进攻，并想办法给客户施加一定的压力，最终使得洽谈成功。

（2）强硬与拖延策略。强硬策略是指在某些条款上没有任何考虑、通融的余地。通常的做法是强硬、固执地坚持某些要求，先向客户摊牌，然后迫使客户让步。但值得注意的是，强硬策略容易导致双方交易不愉快，容易与客户失去稳定的长期交易。

（3）直接与周旋策略。直接策略是指以坦率、真诚的态度进行洽谈的策略。大多数销售顾问对自己的真实情况总是保持着一种自我封闭的态度，不仅不让客户对自己有真实的了解，反而故布疑阵，让客户感到难以捉摸。

三、签署合同

1. 签署合同前的准备工作

（1）准备合同。某品牌汽车购销合同如图 3-13 所示。

卖方					
买方		证件名称		证件号码	
电话		内饰颜色		电子邮件	

一、车辆信息

车辆品牌		车辆型号		数量	
外观颜色		内饰颜色		VIN（必填）	

二、价格信息（人民币）

新能源补贴预扣金额	□1 _____年度国家新能源补贴（_____万元/辆） □2 _____年度_____省级新能源补贴（_____万元/辆）；_____年度_____市级新能源补贴（_____万元/辆）；区级新能源补贴（_____万元/辆）；充电桩补贴（_____万元）（说明：若无充电桩补贴，则在该项处划"/"或者填"无"；若有则需根据具体的补贴实际填写）。 本栏仅新能源车型适用，所列补贴预扣金额以国家、地方公布的补贴金额为准
购车价	_____元整　人民币￥____佰　拾　万　仟　佰　拾___元整
买方委托事项及费用	□上牌服务费（上牌费用：_____上牌地点：_____） □代购购置税（费用：_____） □代买车辆保险（费用：_____）□按揭服务费（费用：_____） □置换服务费（费用：_____） □其他：_____ 费用合计_____元
合约总金额	_____元整　人民币￥____佰　拾　万　仟　佰　拾___元整 合约总金额为买方应支付卖方的总费用，包含购车价和买方委托卖方办理事项费用

三、付款方式及期限

定金	_____元整	人民币￥____佰　拾　万　仟　佰　拾___元整
	付款方式	□现金　□刷卡　□其他：_____
余款	_____元整	人民币￥____佰　拾　万　仟　佰　拾___元整
	付款方式	□现金_____元　□刷卡_____元 □按揭_____元　□汽车金融_____元 □其他：_____
付款期限		1.买方须在签署合同的当日向卖方支付定金和委托服务费，并在收到卖方付款通知之日起5日内付清本合同所述除已付定金和委托服务费以外的全部款项。 2.买方选择银行按揭或比亚迪汽车贷款等金融机构贷款，或分期付款业务支付余款，但是若最终买方未能通过全部金融机构的业务审批，买方需在收到卖方通知后的5日内一次性支付剩余款项

四、提车时间及地点

提车地点		提车时间	
验收标准	按照本合同约定及生产厂家的技术标准进行验收，双方应共同签署书面的车辆验收单		
验收时间（提车当日）			

卖方（签字/盖章）：		买方（签字按印/盖章）：
业务代表	电话	
签订时间：　年　月　日		签订时间：　年　月　日

图3-13　某品牌汽车销售合同

（2）车型库存确认。销售顾问在制订合同前再次确认车型库存，客户在提交定金后及时为客户定车。熟悉经销店定车流程，并能为客户提供准确的交车时间。

2. 签署合同过程中的要点

1）确认填写的内容

正确填写客户所购车辆的信息，包括车型、颜色等，其中 VIN 一定要正确填写。要将所有费用写全，包括车辆价格、定金、付款方式、首付款等。

2）确认必要选项

将各项费用的数额再次跟客户进行核对，定金、首付款等价格数目一定要与客户进行确认。

3）确认交车时间

在汽车销售过程中，受车型、颜色的影响，一般经销店会存在货源不足的情况。销售顾问在与客户签署合同时，要再次向客户说明情况，并确认交车日期，一定要保证经销店能够在所填写的交车日期前交车。销售顾问必须确认交车时间，绝不能为促成交而欺瞒客户。

4）销售经理审核

在最终签订合同之前，销售顾问要先将合同交给销售经理进行审核，销售经理对合同中的各项内容确认完毕并认可后，才能与客户签订合同。

5）签署合同的风险提示

在签字盖章阶段，销售顾问态度要严谨，眼神要坚定，强调合同签字之后产生的法律效力。若客户不履行合约，产生的法律后果由客户承担。签署合同如图 3-14 所示。

图 3-14　签署合同

🔘 职场园地

敬业与责任——时间管理

销售顾问应做好时间管理。车辆介绍完，客户其实已经非常疲倦了，销售顾问应充分准备，借助报价单、备忘录，分清主次顺序，尽量在 3 分钟之内清楚地进行报价。以下是一些建议，帮助销售顾问在报价签约过程中有效管理时间：熟知报价流程，根据报价流程，结合客户需求，高效制订一个详细的报价方案，包括每项价格明细，应为客户进行一一说明。避免延误：意识到时间的重要性，尽量避免延误。如果遇到问题或困难，及时寻求解决方案，并与相关方沟通，以确保进程不受影响。通过有效的时间管理，可以提高报价签约的效率和质量，确保交易的顺利完成。

实训准备

（1）场地准备：汽车营销仿真实训室。

（2）物品准备：车辆、笔、文件夹、合同、报价单、手套、接待桌椅、计算器等。

（3）人员分工：5~6人/组。

（4）工作计划如下。

①学生5~6人分为一组，实训时以小组为单位，每组确定一名组长。

②组长组织本组同学按照下面的实践活动要求进行演练，小组成员合理分工。

③小组成员角色轮换。

④小组组长和其他观摩人员为实践演练者评分并提出改进意见。

⑤教师对学生活动进行点评。

任务实训

（1）实践活动一：报价签约流程。

活动名称	报价签约流程		
班级		组号	
活动目的	熟悉报价签约的流程，练习报价签约的方法和技巧		
活动情境描述	张先生已经决定要购买比亚迪秦PLUS 2023款冠军版DM-i 120KM卓越型这款车，并与销售顾问约好了洽谈的时间		
活动过程话术	×××：张先生，您这边请。刚刚试驾完请您休息一下。刚才您对试驾的这辆车还满意吗？ ×××：现在这种配置的车型，目前我们库房里还有几辆，如果您喜欢的话，可以预订一下，我好替您预留一辆您中意颜色的车呀。 ×××：您这边请，您请坐。张先生，顺便帮您计算一下这款车大概的费用吧！ 张先生：那么，这款车售价多少？ ×××：比亚迪秦PLUS 2023款冠军版DM-i 120KM卓越型全国统一售价14.58万元。 张先生：秦PLUS怎么这么贵啊？ ×××：秦PLUS 2023款冠军版DM-i 120KM卓越型，配置了升级e平台3.0核心技术，动力提升至150千瓦，配置宽温域高效热泵系统，大幅提升低温续航里程，刀片电池容量高达72千瓦时，可以续航610千米，快充30%~80%仅需30分钟，还有智能安全辅助驾驶系统，一般同样的配置要25万元，秦PLUS绝对是您以现有价格能买到的最好车型了。 张先生：还是太贵了，我们的预算是15万元。 ×××：嗯嗯，和您的预算是基本相符的，您知道，价钱是由总部统一规定的，不能擅自更改，但是我们公司可以赠送您一些汽车配件，包括全车贴膜、脚垫、行车记录仪，绝对物超所值！ 张先生：不能再优惠一些吗？很快就"十一"了，没什么促销活动吗？ ×××：张先生还真会讲价呢！这样吧，我们可以为您提供3个月的免费护理服务，此外，如果您现在就预订此车，我们将免费为您配备汽车坐垫。您觉得可以吗？ 张先生：这样倒挺划算的，你觉得呢？		

活动过程话术	张先生：还可以。有没有现车？现在买什么时候能提车？ ×××：预订后，需要一个半月以后才能提车。 张先生：那好，我们现在就订了。 ×××：好的，这是汽车销售合同，请您过目。 张先生看合同。 ×××：两位对合同的细节还有什么问题吗？ 张先生：没有。 ×××：请在这里签字。 张先生签字。 ×××：请问是现在付款吗？ 张先生：是的。 ×××：那请两位跟我到财务处办理相关手续吧，这边请。

（2）实践活动二：报价签约异议处理。

活动名称	报价签约异议处理		
班级		组号	
活动目的	能够巧妙地转化矛盾，灵活处理报价中的客户异议，让双方的洽谈氛围更加和谐		
活动情境描述	李先生之前来过店里看车，今天来到 4S 店询价，销售顾问进行报价，但是李先生对报价及合同存在很多异议		
活动过程话术	李先生：上牌费为什么那么贵啊！我自己去上牌。 ×××：我们公司的上牌费已经是低价了。比亚迪上牌一条龙服务，包括新车上线检测、新车牌照的办理等。公司掌握汽车制造核心技术，是在专用的比亚迪厂家进行新车上线检测，得到的报告准确度会更高，而且会以非常快的速度给您办理好。您如果自己去上牌，不仅浪费时间，而且会因为检测的结果不准确而造成不必要的后果，这就需要您自己承担了。所以还是建议您在我们公司上牌。 李先生：能不能把贷款手续费减了？ ×××：对不起，李先生，这真的减不了，您要是自己去银行贷款，不仅审批的流程复杂，而且审核通过的时间相当长。我们 4S 店都是长期与银行或比亚迪金融公司合作的，审批流程简单，审核通过时间快，您只需要配合提交材料就行，其余的都由我们来做，节省了您大把的时间，您说是吧！ 李先生：如果我签了定金合同，中途我要是不想要这车了怎么办？ ×××：很抱歉，如果您签了定金合同，您要是中止交易的话，定金是不能退还给您的。您可以说说您的情况，要是情况特殊，我建议您签订购合同，交订金而不是定金，它俩的差别在于能否退还，订金是可以退还的，您可以考虑考虑。 李先生：要是你们没有在合同规定的日期内交车呢？ ×××：这一点您放心，我们保证在填写的日期内按时交车，如果没有按时交车，一切按照合同约定处理！ 李先生：如果我选的车验车有问题怎么办？ ×××：一般是没有这种情况的。如果出现意外，绝对会给您更换新的车辆，家用汽车产品在三包有效期内，符合条例规定的更换、退货条件的，由销售者凭三包凭证和购车发票为消费者更换、退货，另外我们会给您一定的补偿。但是您放心，一般不会发生这种情况的		

✏ **评价与反思**

（1）实践活动评价表一：报价签约流程。

班级		组号			
序号	评分要点	配分	个人评分	组长评分	教师评分
1	仪容、仪表得当，发式整齐，搭配整体协调	5			
2	礼貌用语，落落大方，保持微笑	5			
3	说明购置税、上牌服务费	5			
4	推荐保险，用词准确且清晰	10			
5	介绍金融方案，用词准确且清晰	10			
6	购车预算计算无误	10			
7	金融方案计算无误	10			
8	引导客户签订合同	5			
9	合同打印清晰且无折痕	5			
10	正确制作销售订单	5			
11	是否让客户确认合同内容	5			
12	是否让销售经理确认合同内容	5			
13	正确引导客户进行财务收款并出具发票	5			
14	正确礼送客户	5			
15	组织语言灵活应变的能力	5			
16	演练时间的把控能力	5			
合计		100	总成绩：		

（2）实践活动评价表二：报价签约异议处理。

班级		组号			
序号	评分要点	配分	个人评分	组长评分	教师评分
1	客户异议1：回答是否具有逻辑性；回答是否与客户产生冲突；回答是否解决客户异议	15			
2	客户异议2：回答是否具有逻辑性；回答是否与客户产生冲突；回答是否解决客户异议	15			
3	客户异议3：回答是否具有逻辑性；回答是否与客户产生冲突；回答是否解决客户异议	15			
4	客户异议4：回答是否具有逻辑性；回答是否与客户产生冲突；回答是否解决客户异议	15			
5	客户异议5：回答是否具有逻辑性；回答是否与客户产生冲突；回答是否解决客户异议	15			
6	客户异议处理灵活应变能力	10			
7	演练时间的把控能力	15			
合计		100	总成绩：		

（3）如果客户不断地要求降低价格，应该如何进行下一步的沟通？

（4）如果客户对合同内容产生质疑，再次找你更改合同内容，应该如何处理？

✎ 任务小结

（1）常见的汽车增值业务服务项目包括信贷业务、保险业务、精品业务及二手车置换业务。

（2）订金一般可退，订金代表客户只有一个购买意向，如果不购买了客户可以要求全额退还；定金一般不可退，定金代表客户确定购买意愿，依据法律规定，定金是可以不退还的。

（3）谈判开始时，多用礼节性语言；气氛紧张时，运用幽默语言；出现僵局时，运用威胁劝诱语言。

✎ 课后习题

一、选择题

1. 推荐汽车增值业务时，下列哪句话说得不对？（　　　）

A. 您好，这边有两种金融方案供您选择，请选择适合您的方案。

B. 您好，建议您选择这三种精品，因为这三种精品是最基本的，您对生活的品质要求很低，所以没有必要选择其他的精品。

C. 您好，我建议您选择这三种保险，能保障您的基本出行安全。

D. 您好，您有车辆需要置换吗？置换的话会有补贴，申请后会直接打到您的账户。

2. 下面哪一项属于报价技巧？（　　　）

A. 销售顾问试图争取其中某一位客户的好感和支持，以便从内部进行突破。

B. 销售顾问要把握好让步的节奏，整体的节奏不能过快。

C. 销售顾问适当让步，但是必须带有条件的让步，以条件来交换客户的降价需求，从而促成交易。

D. 销售顾问以较高价格进行报价，提高了产品价格的整体上限，为后面的洽谈留有余地。

二、判断题

1. 销售顾问在制订合同前再次确认车型库存，客户在提交定金前为客户订车，熟悉经销店订车流程，并能为客户提供准确的交车时间。　　　　　　　　　　　　　　　（　　　）

2. 销售顾问与客户初次接触了解时，应以威胁性语言贯穿始终，以提高对方的谈判兴趣。　　　　　　　　　　　　　　　　　　　　　　　　　　　　　　　　（　　　）

3. 在客户对方案非常满意的时候抓住成交的瞬间机会，趁热打铁，避免唠叨太多。　　　　　　　　　　　　　　　　　　　　　　　　　　　　　　　　　　　（　　　）

4.无人驾驶巴士阿波龙是一辆无人驾驶巴士，且是中国首款真正量产投放的达到 L4 级别无人驾驶技术的纯电动巴士。　　　　　　　　　　　　　　　　（　　）

5.探索精神是推动人类不断前进、不断创新的内在动力，是人类文明进步的重要源泉。
（　　）

拓展阅读

秉情怀 ▶ 强技术 ▶ 争创新 ▶

千帆竞发，正道致远的探索精神

——无人驾驶巴士阿波龙

"车到山前必有路，船到桥头自然直"，这是自古以来中国人的生活哲学，任何事物都存在着天然的转机。而在交通出行这一领域，有一群人，他们更愿意相信事在人为。于是，他们在广阔的经济腹地，大胆地打造了一片人与车的未来之地。让我们一起看看无人驾驶巴士阿波龙的厉害之处。

拓展提升

请扫描二维码了解相关内容。

【千帆竞发，正道致远】探索精神——无人驾驶巴士阿波龙。

项目四

车辆交付与跟踪

任务一　交车验车

任务导入

　　汽车销售合同签订完成，客户已经付款或申请的金融方案生效后，最后的环节便是交车验车。销售顾问应当熟悉交车验车的流程，并与客户进行有效的沟通，做好交车验车的工作。李先生是一位金融行业的理财顾问，通过参与店里的团购活动，现决定购买比亚迪秦 PLUS 2023 款冠军版 DM-i 120KM 卓越型汽车。现在新车已经到位，交车专员需要致电李先生预约时间交车验车，那么交车专员在交车之前需要做怎么样的准备？交车过程有什么流程要点？

学习目标

知识目标：

（1）了解新车交付前需要准备的文件类型和交车场地的布置方法；

（2）熟悉电话联系客户预约交车的话术和客户到店后接待的方法；

（3）掌握新车出厂前检查（PDI）的项目、流程和操作步骤。

技能目标：

（1）能按照规范完成 PDI 工作，能正确填写 PDI 表；

（2）能准备好新车交付前的文件，并致电客户到店交车；

（3）能做好新车交付前的场地布置，并礼貌完成客户接待、礼送工作。

素养目标：

（1）能通过交车验车的工作，培养时间规划和细致的能力及注重细节的意识；

（2）能在验车的实践活动中，通过新车 PDI 活动培养一丝不苟、精益求精的品质；

（3）能在交车的实践活动中，通过致电客户、接待客户和礼送客户的工作磨炼自己的耐心与社交能力，树立正确的价值观。

📝 知识链接

一、交车前准备 》》

1. 文件准备

交车前要对涉及车辆的相关文件进行仔细、全面的检查，确认无误后，装入文件袋以便交给客户。交车涉及的文件包括商业票据、随车文件、商务活动、交车工具、增值服务的相关文件等，明细如表 4-1 所示。

表 4-1　交车文件明细

商业票据	随车文件	商务活动	交车工具	增值服务
收费凭证、发票、合同或协议、完税证明、保险凭证、三包凭证、尾款结算单据等	车辆使用手册、保修手册、车辆合格证等	销售经理、销售顾问、服务经理和服务顾问的名片等	交车确认单据、PDI 表等	售后服务介绍资料、车友俱乐部介绍资料、试乘试驾联谊卡、资料袋等

2. 车辆准备

1）汽车 PDI

崭新的汽车在交车前要对车辆进行重点检查，俗称 PDI，即车辆的售前检验记录，是新车在交车前必须通过的检查。汽车 PDI（见图 4-1）主要包括 7 个方面：车辆外观 / 漆面检查；车辆室内检查；发动机舱检查；后备厢检查；三电系统检查；底盘检查；特殊附件检查。

图 4-1　汽车 PDI

2）车辆清洁及油料准备

交车前应该对新车进行全方位清洁，做到清洁、靓丽；在车内铺上三件套，随车工具、备胎摆放整齐，各项功能正常使用。油箱至少有 1/4 箱汽油或保证客户能将新车开到最近加油站，保证燃油不足警示灯不报警，这样可以提升客户提车的满意度。

③ 交车场地准备

（1）交车场地 5S 检查，保证交车场地干净、整洁，清理交车场地。交车区出口无障碍物，方便客户驾驶新车离店不受任何影响，布置交车背景板。交车场地如图 4-2 所示。

图 4-2　交车场地

（2）在展厅入口处放置欢迎牌，在欢迎牌上书写来提车的客户姓名。

（3）在交车区悬挂 LED 交车横幅，准备花、红丝带、贵宾胸卡、小礼品等。

随着汽车的不断普及，很多店的交车仪式越来越简化，交车场景设置和内容根据各品牌 4S 店的具体要求来执行。

二、车辆交付流程

1. 预约交车

预约交车的流程如图 4-3 所示。

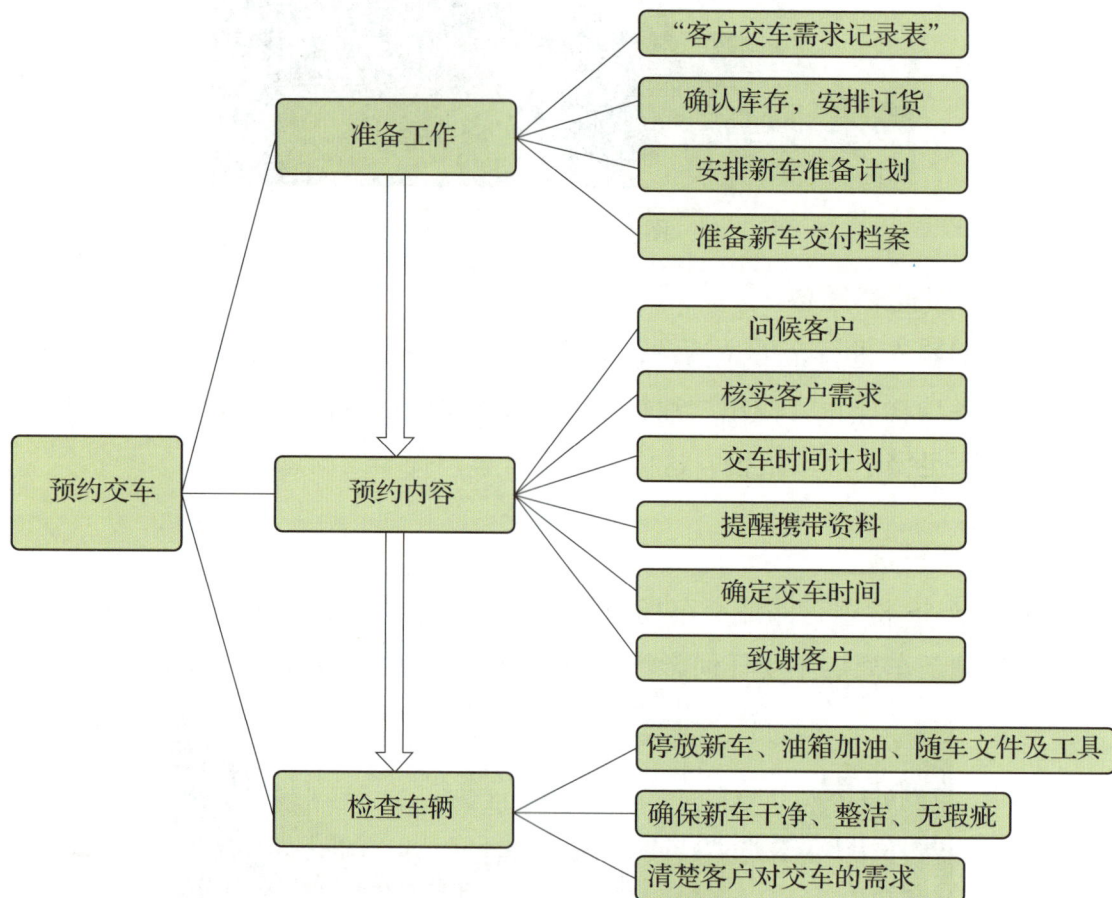

```
                                    ┌─────────────────────┐
                              ┌────│ "客户交车需求记录表" │
                              │    └─────────────────────┘
                              │    ┌─────────────────────┐
                    ┌────────┐├────│ 确认库存，安排订货  │
                    │准备工作│┤    └─────────────────────┘
                    └────────┘│    ┌─────────────────────┐
                         │    ├────│ 安排新车准备计划     │
                         │    │    └─────────────────────┘
                         │    │    ┌─────────────────────┐
                         │    └────│ 准备新车交付档案     │
                         │         └─────────────────────┘
                         ↓
                                   ┌─────────────────┐
                              ┌───│ 问候客户         │
                              │   └─────────────────┘
                              │   ┌─────────────────┐
                              ├───│ 核实客户需求     │
                              │   └─────────────────┘
          ┌────────┐         │   ┌─────────────────┐
          │预约交车│─┐ ┌────────┐├───│ 交车时间计划     │
          └────────┘ └─│预约内容│┤   └─────────────────┘
                       └────────┘│   ┌─────────────────┐
                            │    ├───│ 提醒携带资料     │
                            │    │   └─────────────────┘
                            │    │   ┌─────────────────┐
                            │    ├───│ 确定交车时间     │
                            │    │   └─────────────────┘
                            │    │   ┌─────────────────┐
                            │    └───│ 致谢客户         │
                            ↓        └─────────────────┘

                                  ┌──────────────────────────────┐
                             ┌───│ 停放新车、油箱加油、随车文件及工具 │
                  ┌────────┐ │   └──────────────────────────────┘
                  │检查车辆│─┤   ┌──────────────────────────────┐
                  └────────┘ ├───│ 确保新车干净、整洁、无瑕疵     │
                             │   └──────────────────────────────┘
                             │   ┌──────────────────────────────┐
                             └───│ 清楚客户对交车的需求           │
                                 └──────────────────────────────┘
```

图 4-3　预约交车流程

1）准备工作

预约交车的准备工作包括以下 4 个方面：第一，客户订车时，应同客户一起在"客户交车需求记录表"上记录客户对交车的各项需求；第二，如果客户希望安装精品附件等，应与服务部门确认附件的库存情况，并根据需要安排订货；第三，在客户所订新车到达后，应将与客户约定的交车日期通知库管，由库管统一安排新车准备计划；第四，准备新车交付档案，包括商业票据、随车文件、商务活动、交车工具、增值服务的相关文件等。

2）预约内容

预约内容主要包括 6 点：问候客户；核实客户需求；交车时间计划；提醒携带资料（定金收据、身份证、驾驶证等）；确定交车时间；致谢客户。若交车时间发生延迟，第一时间主动向客户说明原因及解决方案。

3）检查车辆

交车前 2 小时确定已经将准备好的待交新车停放在新车交付区，油箱内有充足的汽油。根据《PDI 检查表》确认随车文件及工具是否齐全。确保新车干净整洁无瑕疵。锁好待交车辆，并将车钥匙交给展厅经理统一管理。在客户到达前，查阅交车档案，以确保清楚地把握客户的背景信息及所购车型，清楚客户对交车的需求。

2. 客户接待

客户接待流程如图 4-4 所示。

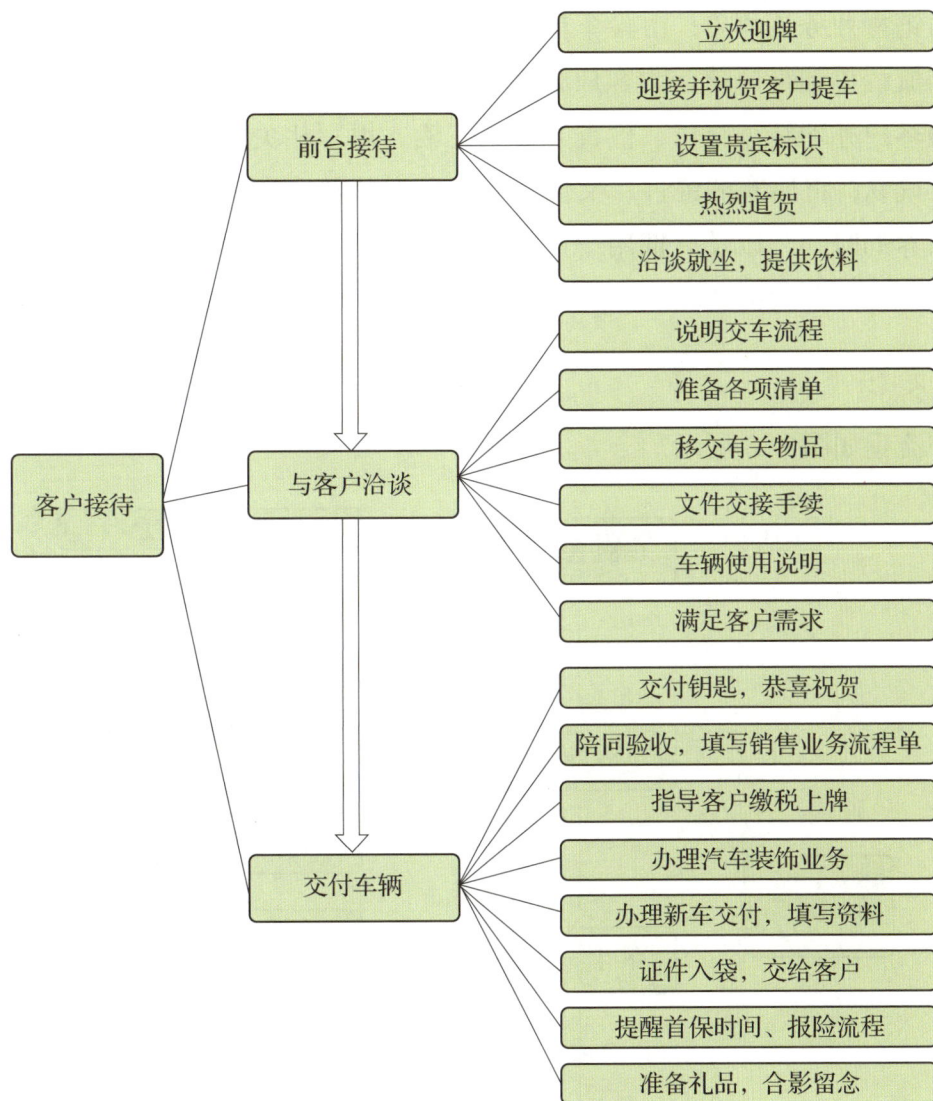

图 4-4　客户接待流程图

1）前台接待

前台接待主要包括 5 个方面工作：在 4S 店展厅门口立欢迎牌，祝贺客户提车；销售顾问到门口迎接并祝贺客户提车；为客户挂上交车贵宾标识；经销店内每位员工见到带有交车贵宾标识的客户均应热情道贺；引领客户至洽谈桌就座，并提供饮料。

2）与客户洽谈

与客户洽谈时，需要洽谈 6 个方面的内容：说明交车流程；准备各项清单；移交有关物品；文件交接手续；车辆说明使用；满足客户需求。

洽谈过程中，销售需注意：交车时不能只进行口头说明而未使用相关资料；交车时充分照顾客户，不能只忙于书面文件的填写。

3）交付车辆

交付车辆时需注意 8 点：在第一时间将新车钥匙郑重地交给客户，并恭喜、祝贺；陪同客户对新车进行全面检查验收，提醒客户核对行驶证上的车架号与前风窗玻璃上的车架号是否一致，填写销售业务流程单；由验车员带客户缴纳购置税，并为客户按区域验车上牌；销售顾问持装饰流程单到维修前台为客户办理汽车装饰业务；销售顾问应在客户办理完相关车辆手续后，为客户办理新车交付，检查并介绍车辆，填写相关资料，由客户在"新车交付确认表"上签字确认；将所有的证件、文件、手册、名片放入资料袋内，并将其交给客户；提醒客户首次保养的时间，以及后期用车期间发生交通事故报保险的流程；为客户精心准备一份小礼品，邀请客户合影留念。

3. 车辆交付

车辆交付流程如图 4-5 所示。

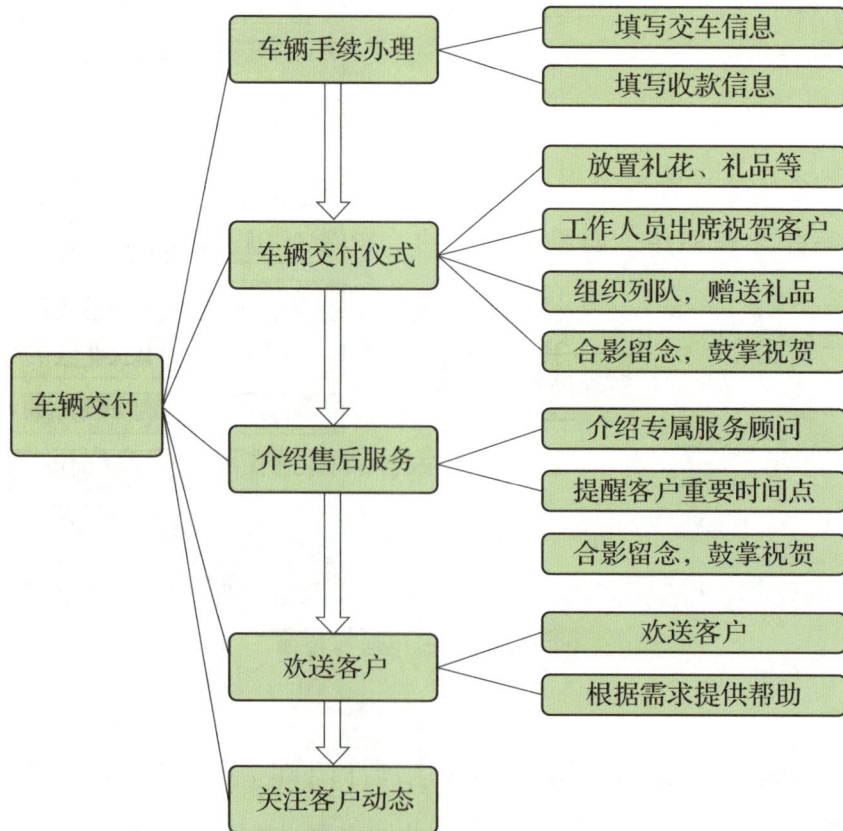

图 4-5　车辆交付流程

（1）车辆手续办理，包括打开企业销售操作系统交车界面，填写客户信息、交易信息、车辆基本信息、车主信息、保养里程、交车里程和业务信息等，打开企业销售操作系统收款界面，填写业务单号、客户号、客户名称、联系人、收款日期、交款方式、摘要、收款金额、选装件金额、已收定金、应收合计金额、实收金额、欠款金额、开票方式、发票号、收款归属日期、备注、收款人、应收日期等。

（2）车辆交付仪式，包括所交新车用绸缎盖住或在后视镜处戴上礼花，准备好小礼品；销售顾问、展厅经理、售后服务经理、客服人员等出席参加交车仪式；销售顾问进行现场组织，指挥工作人员在新车旁列队，由销售顾问奉上鲜花交予车主，同时向其家人赠送一些小礼物；现场全体人员与新车合影留念，合影结束后全体鼓掌，表示热烈祝贺。

（3）介绍售后服务。交车结束之后将专属服务顾问介绍给客户，将专属服务顾问的名片随同随车文件一起交给客户，并告知客户，如果希望了解更多情况，可以电话联系予以解决。然后提醒客户首次保养时间、定期检查时间、保修终止日期等重要的时间点。

（4）欢送客户。提醒客户携带好相关文件和随身物品。客户离店时，销售顾问将客户送到店门口，目送客户离开，直到客户消失在车流中再转身回店。

（5）关注客户动态。客户离店后销售顾问做好交车文件的总结、收集、归纳工作，将交车相关信息录入经销商客户管理等系统，做好大数据管理。

🎯 职场园地

敬业与责任——责任精神

在交车过程中，销售顾问应始终秉持责任精神，按照 PDI 表，对车辆进行逐项检查。碰到客户的质疑时，必须有责任、有担当，认真处理。销售顾问展现责任精神的方式对于客户的满意度和公司的形象至关重要。以下是一些建议，帮助销售顾问展现其责任精神。

1. 详尽地解释和说明：销售顾问应当详细解释车辆的功能、操作方式、保养方法等信息，确保客户对车辆有全面的了解。

2. 细致的检查和准备：在交车前，销售顾问应对车辆进行全面检查，确保车辆处于良好的工作状态；并准备好所有必要的文件和资料，如车辆合格证、保修手册、使用说明书等。

3. 专业的建议和咨询：销售顾问应根据客户的需求和预算，提供专业的车辆推荐和建议。客户在使用过程中，如有任何疑问或需求，销售顾问应及时提供咨询和帮助。

4. 高效的沟通和协调：在交车过程中，销售顾问应与客户保持高效的沟通，及时解答客户的疑问和问题。如遇特殊情况或需协调其他部门，销售顾问应积极协调。

5. 真诚的关怀和服务：销售顾问应以真诚的态度对待客户，关注客户的需求和感受。在交车后，可定期与客户保持联系，解答客户在使用过程中遇到的问题。

✎ 实训准备

（1）场地准备：汽车营销仿真实训室。

（2）物品准备：车辆、笔、文件夹、手套、接待桌椅、邀约电话、PDI 表、PDI 工具、礼花、安全设备等。

（3）人员分工：5~6 人 / 组。

（4）工作计划如下。

①学生 5~6 人分为一组，实训时以小组为单位，每组确定一名组长。

②组长组织本组同学按照下面实践活动的要求进行实践演练，小组成员合理分工。

③小组成员角色轮换。

④小组组长和其他观摩人员为实践演练者评分并提出改进意见。

⑤教师对学生活动进行点评。

车辆交付流程

✎ 任务实训

（1）实践活动一：PDI。

活动名称	PDI					
班级			姓名			
活动目的	崭新的汽车在交车前要对车辆进行重点检查，俗称 PDI，即车辆的售前检验记录，是新车在交车前必须通过的检查。销售顾问通过这项活动，了解并掌握新车随车附件、车身外部、车身内部、发动机舱、车身底部、路试、诊断仪检查等各项目的检查方法与操作流程					
活动情境描述	张先生通过参与店里的团购活动，决定购买比亚迪秦 PLUS 2023 款冠军版 DM-i 120KM 卓越型汽车，现在新车已经到位。作为销售顾问，应该怎么对新车进行 PDI					
活动过程	PDI 表					

PDI 表

车型		VIN	
发动机号		行驶里程	
检查日期		服务店名称	

各项检查结果作如下标记：合格打"√"，异常打"×"

操作程序	序号	检查项目		结果	备注
随车附件	1	检查铭牌、前风窗玻璃处的 VIN 及合格证的内容与实车是否相符			
	2	随车文件	使用手册		
			质量保证书		
			合格证		
	3	随车物品	备胎 / 补胎液 / 反光衣		
			工具包		
			三角警示牌		

操作程序	序号	检查项目		结果	备注
活动过程	车身外部	4	检查车身漆面、外饰件、车灯外观、全车玻璃是否完好			
		5	检查轮胎及轮辋状态，并调整轮胎充气压力至规定值			
		6	检查天窗是否漏水、积水			
		7	检查各外观零件配合间隙是否均匀			
		8	刮水器	检查刮水护套是否取下		
				检查是否更换正常雨刮片		
				刮水器是否能正常工作		
				检查排水槽是否有泥沙、树叶等杂物并进行清理		
		9	检查油箱盖、充电盖外观和开启是否正常			
		10	检查行李舱	外观正常		
				开启、关闭正常无异响		
				内部清洁、无脏污		
				内饰完好、无破损		
	车身内部	11	使用遥控钥匙、机械钥匙解闭门锁；检查遥控钥匙、机械钥匙的各项功能是否正常			
		12	检查车门	车门内外把手功能正常		
				车门都能正常打开和关闭		
				车门开闭无异响		
				车门安全警告灯正常		
				后门儿童锁正常		
		13	车窗玻璃升降、外后视镜调整及天窗功能完好			
		14	检查内饰各部位是否清洁、外观是否完好			
		15	座椅	座椅外观是否正常		
				座椅的前后、上下移动		
				靠背的倾斜		
				头枕的安装		
				后排座椅的折叠		
		16	安全带	检查安全带是否扭曲、脏污或损坏		
				检查安全带功能		
				检查安全带的锁止功能		
				检查肩带固定点的调整是否顺畅		
		17	检查转向盘调节功能是否正常			
		18	检查车内外照明灯、指示灯、喇叭的功能			
		19	检查刮水器及清洗装置、大灯清洗功能			
		20	检查化妆镜、内后视镜、出风口等			
		21	所有电器及开关、仪表指示灯是否正常			
		22	检查多媒体系统功能是否正常			
		23	检查空调的操作及功能是否正常			
		24	检查车载充电系统功能及仪表上指示是否正常			

操作程序	序号	检查项目		结果	备注
发动机舱	25	检查发动机舱盖开启是否正常，锁扣、铰链、撑杆、护板等固定情况是否正常			
	26	检查发动机号与合格证内容是否相符			
	27	检查各油液液位高度及壶盖的紧固情况	发动机油		
			冷却液		
			助力转向液		
			玻璃清洗液		
			制动液		
	28	检查发动机舱中的部件是否有渗漏及损伤			
	29	检查发动机舱中螺栓、卡箍等是否有严重锈蚀的情况			
	30	检查空调的高低压管路、压力开关、充注阀部位的泄漏及干燥情况			
	31	检查发动机舱线束的连接及固定情况			
	32	蓄电池	安装是否到位		
			负极是否连接		
			静态电压		
车身底部	33	检查发动机、驱动电机、变速器、动力转向器、制动器、冷却及加热水管、油管等			
	34	检查传动轴油封、传动轴球笼及防尘套			
	35	检查电池包外观			
	36	检查排气管有无漏气及损伤			
	37	检查底盘可见螺母和螺栓是否缺失或松动			
路试	38	检查踏板踩下回弹是否正常	刹车		
			节气门		
	39	检查行驶性能	起步性能		
			电机性能		
			加速性能		
			动力电池性能		
	40	检查电池和起动机的工作及各警告灯显示情况			
	41	检查制动器及驻车制动器，包括制动效果、制动时是否跑偏			
	42	转向盘组合仪表设置、自动巡航开关控制情况			

活动过程

操作程序	序号	检查项目	结果	备注
诊断仪检查	*43	使用诊断仪对整车进行扫描、更新，记录相关故障码后并清除		
	44	使用诊断仪中的电池管理系统（BMS）中心软件对新能源车辆的动力电池进行极差判断		
	*45	用诊断仪读取电源管理器相关信息： 电池总电压_____ 单节电池电压（≥3.3 V）_____ 最高电压_____ 最低电压_____ 标称容量_____　剩余电量（SOC）_____ SOC需介于30%~50%，每3个月一次满充满放;库存超过6个月的，需对整车进行满充电操作，并将电量放至SOC 40%~60%进行存储		

注：本PDI表所列项目也许是您检查的特定车型没有的，请结合实际车型检查。
注意事项如下：
（1）因混合动力及纯电动汽车型涉及高压，故在进行车辆检查时需按要求穿戴绝缘安全装备、使用新能源工具。检查时不要插拔任何高压线束。如需维修，具体操作步骤见维修手册。
（2）在静态检测无问题时，请进行动态检测。
（3）检查表中标"*"为交车必检项，入库时可根据实际情况进行检查。
（4）路试时对制动效果、仪表显示进行检测，并检查是否有异响。
（5）跑完后再次读取各系统故障码，若正常，则进行充电，充电完成后交车。
PDI时对以上项目的正确安装、调试及操作已做过检查。

特此证明

（盖章）

检查员签字：　　　　　　　日期：

上表第一列为"活动过程"。

（2）实践活动二：车辆交付流程。

活动名称	车辆交付流程		
班级		姓名	
活动目的	汽车销售合同签订完成，客户已经付款或申请的金融方案生效后，最后的环节便是交车验车，学生通过这项活动，熟悉通知客户交车和客户到店接待的流程，并了解其中常用的话术，做好交车验车的工作		
活动情境描述	张先生通过参与店里的团购活动，决定购买比亚迪秦PLUS 2023款冠军版DM-i 120KM卓越型汽车，已经提前交了部分定金，现在新车即将到位。作为销售顾问，应该如何致电李先生约定交车时间		

续表

活动过程话术	×××：张先生您好，我是比亚迪东莞特许经销商销售顾问×××，您的爱车昨天已经到店了。 张先生：太好了。 ×××：是的，那张先生，这个周末，您哪天有时间？我来安排交车的手续？ 张先生：周六行吗？ ×××：好的，没问题，到时您来店里有一些相关事项要向您说明一下，比如新车的使用、保修等，所以您能不能预留多一点时间给我？ 张先生：嗯，要预留多长时间？ ×××：大概一个小时就可以了。 张先生：好的，没问题。 ×××：那您周六几点比较方便？ 张先生：下午一点吧。 ×××：好的，我记录一下，周六下午一点可以到店，那我在这里恭候您的光临。 ×××：嗯，张先生，要提醒您还有尾款需要支付，到时您可以刷卡支付。 张先生：好的，没问题。 ×××：到时您方便可以带家人一起来，我在店里恭候您的光临，今天就不打扰您了，再见。 张先生：好的，再见

✐ 评价与反思

（1）实践活动评价表一：PDI。

班级		组号			
序号	评分要点	配分	个人评分	组长评分	教师评分
1	完成PDI前的安全保障工作，准备PDI表上所需的工具和高压绝缘装备并放在桌子上	10			
2	随车附件检查流程规范、表格填写完整	10			
3	车身外部检查流程规范、表格填写完整	10			
4	车身内部检查流程规范、表格填写完整	10			
5	发动机舱检查流程规范、表格填写完整	10			
6	车身底部检查流程规范、表格填写完整	10			
7	路试流程规范、表格填写完整	10			
8	诊断仪检查流程规范、表格填写完整	10			
9	应变能力：各项检查顺序安排合理	10			
10	详尽的说明，细致的检查，专业的建议和咨询，高效的沟通和协调	10			
合计		100	总成绩：		

（2）实践活动评价表二：车辆交付流程。

班级		组号			
序号	评分要点	配分	个人评分	组长评分	教师评分
1	准备交车所用手续资料，分析客户对交车的需求。准备笔记本和笔，并放在电话旁	10			
2	致电客户，预约交车时间，拨打电话使用礼貌用语、吐字清晰、声音洪亮	10			
3	致电内容表述准确到位，包括自我介绍、来电意图、询问客户需求、交车方案确认等	10			
4	与客户确认交车时间，登记到店人数	10			
5	在交车场地布置车辆和鲜花等	10			
6	客户到店后热情接待，祝贺客户提车	10			
7	出示 PDI 表并介绍车辆使用方法，向客户介绍保养时间节点和内容等	10			
8	带领客户合影留念时表情、动作自然，客户离开时礼送客户	10			
9	应变能力：顺利应对客户询问和质疑	10			
10	详尽的说明，细致的准备，专业的建议，高效的沟通和协调，真诚的关怀和服务	10			
合计		100	总成绩：		

（3）PDI 时如何正确检查高压零部件？

（4）和客户约定交车时间后，客户临时有事取消，应该如何应对？

✎ 任务小结

（1）交车前准备工作的内容包括文件准备、车辆准备和交车场地准备 3 个方面。

（2）汽车 PDI 的定义是车辆售前检验记录，是新车在交车前必须通过的检查，包括车辆外观检查、漆面检查、车辆室内检查、发动机舱检查、后备厢检查、底盘检查、特殊附件检查。

（3）预约交车流程包括准备工作、预约内容、检查车辆 3 个环节。其中准备工作需要完成"客户交车需求记录表"、确认附件的库存情况、安排新车准备计划、准备新车交付档案 4 个方面的工作；预约内容有问候客户、核实客户需求、确定交车时间计划、提醒携带资料、确定交车时间、致谢客户 6 个环节；检查车辆需要完成停放新车，油箱加油，随车文件及工具，确保新车干净、整洁、无瑕疵，清楚客户对交车的需求 5 点内容。

（4）客户接待流程包括前台接待、与客户洽谈、交付车辆 3 个环节。

（5）车辆交付流程包括车辆手续办理、车辆交付仪式、介绍售后服务、欢送客户和关注客户动态5个环节。

✎ 课后习题

一、多选题

1.预约交车准备工作时（　　　）。

A.核对客户"交车需求记录表"上的各项客户需求

B.根据客户需求安装精品附件

C.与服务部门沟通确认库存情况时与客户约定交车时间

D.准备新车交车档案

2.车辆交付的注意事项有（　　　）。

A.在系统内完成车辆交接手续

B.介绍售后服务，提醒首次保养时间

C.提醒客户携带资料，再次确定交车时间

D.准备新车交车档案

二、判断题

1.在交车这一环节中，PDI是一项可有可无的服务。　　　　　　　　　　（　　　）

2.交车时有礼送客户的环节，所以预约交车时无须向客户致谢。　　　　（　　　）

3.交车结束之后需要将专属服务顾问介绍给客户。　　　　　　　　　　（　　　）

4.科技精神是中华民族精神的重要组成部分，是国家发展的内生动力。　（　　　）

5.V2X其实就是指车辆和周边万物的连接。LTE-V2X通过建立车辆与路边设施、车辆和人之间的沟通，很方便、快速地把一些消息实时地发送出去。　　　　　　（　　　）

🚗 拓展阅读

秉情怀　▷　强技术　▷　争创新　▷

御风奋进，只争朝夕的科技精神

——车联网城市级示范

有研究机构预计，中国车联网市场规模将超1 200多亿元，车联网用户规模将达2 420万户。2020年，全球汽车行业步入全方位的车联网时代。面对如此庞大的新兴市场，车企、互联网企业、资本争相涌入，加大在智能汽车领域的布局。奥迪中国2018年开始在无锡开展智能汽车的研制和测试，并参与LTE-V2X项目。2018年，奥迪中国获得江苏省首批自动驾驶测试牌照。奥迪中国高级研发总监告诉记者，无锡有很好的车辆互联基础，又可以提供包括高速公路和城市道路在内的丰富的测试应用场景。奥迪中国有信心在无锡与合作伙伴一起努力，共同推进车联网技术的成熟及产业的快速发展。车联网的产业价值远不止通信的连接。随着物联网、人工智能等信息和智能技术的延展，车联网为车载信息服务、智能辅助驾驶、道路流量监管以及汽车行业"四化"转型，打开产业创新无限的想象空间。

拓展提升

请扫描二维码了解相关内容。

【御风奋进，只争朝夕】科技精神——车联网（LTE-V2X）城市级示范。

任务二　售后跟踪

任务导入

　　作为一名汽车销售顾问，你服务过的客户，无论他是否购车，都是非常重要的潜在客户，你需要通过客户维护和回访工作从中挖掘客户。售后跟踪的目的是，维系原有的客户，提供优质售后服务，转化老客户为新客户。李先生是一位金融行业的理财顾问，前段时间已经成功购买了比亚迪秦PLUS 2023款冠军版DM-i 120KM卓越型汽车，售后专员需要不定时致电李先生，以及时跟进李先生是否有新的需求。售后专员具体应该如何进行售后跟踪？

学习目标

知识目标：

（1）熟悉客户跟踪的意义、常用回访方式和回访关键节点；

（2）了解常见客户异议和客户投诉的分类、产生原因和处理方式；

（3）掌握客户关怀中不同时间节点短信关怀的要点和电话关怀的话术。

技能目标：

（1）能全方位开展好售后跟踪服务工作，通过跟踪服务维系老客户，发展新客户；

（2）能在恰当的时间节点使用短信或电话有效地关怀客户；

（3）能根据实际情况及时处理客户异议，正确应对客户投诉。

素养目标：

（1）通过在特定时间节点对客户进行售后跟踪，培养一丝不苟、细心严谨的工作态度；

（2）在客户关怀活动中锻炼人际交往能力，保持乐观自信的心态；

（3）通过处理客户异议，体现认真、负责的态度，提高分析和解决问题的能力。

知识链接

一、客户跟踪

1. 客户跟踪的意义

（1）老客户维系，产生更多的潜在客户。

（2）客户对4S店和所购车辆产品的信任度提升，从而促进增换购概率。

（3）客户对特约店的服务和产品的信任度加强，投诉率会下降。

（4）增强客户对4S店售后跟踪服务的信任度，愿意将车辆放在固定的特约店进行维护。

（5）提高新车满意指数，提高客户满意指数。

2. 回访方式

（1）电话、短信回访。回访的目的在于3个方面，一是了解客户对自己产品的评价，可以优化自己产品及服务；二是可以加深与客户之间的联系，争取更多的回头客；三是挽回潜在可能流失的客户。回访是工作中不可缺失的一环，如图4-6所示。客户购买汽车之后，回访电话都会有2个——一个4S店的回访，一个品牌商公司回访。在电话回访的过程中，许多客户不方便接听电话，因此可以采用短信形式回访。短信内容示例："尊敬的车主，非常感谢您在本店购车，我们非常荣幸有机会为您服务，××专营店的服务热线为××××××××，欢迎您在需要的时间拨打，我们将为您提供满意的服务。"

图4-6　售后回访

（2）邮件、社交软件回访。在这个大数据时代，个人信息比较容易泄露。客户每天可能接到很多个没有署名的电话，一是没有时间接听，二是害怕诈骗，三是回访电话一般需要回答的信息比较多。所以有些客户不太愿意配合回访。因此，除了提前告知客户4S店和品牌商电话之外，还可通过邮件或社交软件回访，如在交车时通过社交软件建立群聊，当面为客户和售后服务团队建立微信群或 QQ 群，日后通过群聊向客户提供回访和售后等专属服务。

3 回访要点

（1）回访作用。给客户送去问候和关心并不需要花费太多成本，有时一个贴心的洗车提醒、一声真诚的问候、一次力所能及的帮助就能打动客户，使他成为你忠实的朋友，如图 4-7 所示。

图 4-7　客户回访

（2）关怀要点。老客户是企业和汽车销售顾问的宝贵资源，汽车销售顾问应在节日或客户个人的重要节日送去祝福和问候。一句简单的问候就可以拉近汽车销售顾问与客户之间的距离，增进双方的友谊和感情，增加客户的忠诚度，为后续的销售打好基础。汽车销售顾问应注意选择问候的时间，最好不要在客户休息或工作的时间打扰，以免适得其反。

（3）巧避误区。有的汽车销售顾问认为汽车的购车周期较长，客户或许要过很久才会再来购车，所以没必要在老客户身上花大心思。客户虽然不会在短期内再次购车，但也可能会带来大量的新客户和销售机会，汽车销售顾问千万不可过于短视而错过开发新客户的好机会。

二、售后跟踪流程

新车交付后的跟踪服务主要包括定期回访、特别关怀、营销维系 3 个主要方面，主要目的是进行客户维系，提高客户的到店维修和维护比例，并获得更多的增购客户和转介绍客户。

1）定期回访

定期回访包括离店 2 小时回访、3 天回访、7 天回访、首保提醒等关键节点。有些汽车品牌为了提高售后跟踪服务品质，还增加了一个月回访、二保提醒这两个关键环节，而且每个关键环节都有其主要的工作内容。详细内容如表 4-2 所示。

表 4-2　售后跟踪服务定期回访关键节点及工作内容

关键节点	工作内容
离店 2 小时回访	1.离店 2 小时内致电或发送短信，再次感谢客户，确认安全到达，询问新车使用情况。提醒车辆磨合期使用注意事项 2.告知客户如有疑问欢迎随时联系
3 天回访	1.交车第 3 天致电客户，询问新车使用情况 2.若客户有疑惑或不满意，记录具体内容，向销售经理汇报。销售经理必须在 24 小时内与客户联系，提出解决方案，请求客户的理解 3.在处理完 24 小时内进行跟踪回访，更新解决状态 4.告知客户售后专员将会在 7 天内再次联系，进行满意度调查

关键节点	工作内容
7天回访	1. 交车7天，售后专员用客户喜欢的联系方式回访客户，询问车辆使用情况并询问车辆上牌情况，提醒磨合期注意事项以及首保里程或时间 2. 如果客户对新车的质量和使用有异议，需询问问题所在，快速解决问题并致歉 3. 询问客户对销售服务体验的满意度，同时征询来自客户的意见和建议。如果客户投诉，向销售经理汇报 4. 销售经理必须在24小时内与客户联系，提出解决方案，请求客户的理解。在处理完24小时内进行跟踪回访，更新投诉解决状态
1个月内回访	1. 交车后1个月内致电客户，询问新车整体使用情况和里程数及售后维护提醒 2. 若客户有抱怨（疑惑、不满意或投诉），记录客户投诉，及时解决。无法解决的问题向销售经理汇报，必须在24小时内与客户联系，提出解决方案，请求客户的理解 3. 客户若无抱怨，请客户进行转介绍或提供潜在客户联系信息
首保提醒	1. 通过汽车经销商DMS设置，在客户首保前进行自动提醒 2. 用客户喜欢的联系方式回访客户，提醒首保，询问客户车辆的使用情况 3. 主动向客户介绍售后预约服务及其好处，主动请客户提供潜在客户信息 4. 在首保提醒同时，提供当季活动信息，可以是促销、优惠或车主活动
二保提醒	1. 交车后半年内（或根据之前了解的行驶记录），致电客户，提醒二保 2. 在征得客户同意的前提下，协助客户进行预约 3. 客户到店维护时，陪同交接车，并指引客户休息

在每次回访结束后，将客户信息（或客户变更信息）、联系情况录入DMS，以更新系统信息。

2）特别关怀

为了与客户保持良好关系，售后专员还要对客户进行生日问候、节日问候、天气关怀，由此拉近与客户之间的关系，具体工作内容如表4-3所示。

表4-3　售后跟踪服务特别关怀主要项目及其工作内容

主要项目	工作内容
生日问候	1. 根据回访计划及DMS自动提醒，在客户生日当天，致电客户问候 2. 请客户进行转介绍或提供潜在客户联系信息 3. 询问新车整体使用情况及里程数，进行售后维护提醒 4. 将客户信息、联系情况录入DMS
节日关怀	1. 根据回访计划及DMS自动提醒，在特别节日当天，以客户喜欢的联系方式问好 2. 将客户信息、联系情况录入DMS
天气关怀	1. 在天气突然变化、出现极端情况的前1天或当天告知客户并致以问候 2. 将客户信息、联系情况录入DMS

3）营销维系

售后专员除了要对客户进行定期回访和特别关怀之外，还应告知客户4S店举办的各项活动、续保信息等。售后跟踪服务营销维系主要项目及工作内容如表4-4所示。

表4-4　售后跟踪服务营销维系主要项目及工作内容

主要项目	工作内容
活动告知	1.在公司举办各类活动前，梳理保有客户名单，做好告知及邀约准备 2.致电客户，告知活动内容，邀约客户参加，在征得同意的前提下进行预约登记 3.将客户信息、联系情况录入DMS
促销推荐	1.在公司举办促销活动前，梳理保有客户名单，做好告知及邀约准备 2.致电客户，告知活动内容，邀约客户参加，在征得同意的前提下进行预约登记 3.将客户信息、联系情况录入DMS
续保提醒	1.根据回访计划及DMS，在客户保险到期前2个月致电客户告知其保险即将到期 2.根据回访计划及DMS，在客户保险到期前1个月致电客户，进行续保报价 3.将客户信息、联系情况录入DMS

三、售后异议处理

1. 售后情况应对方法

（1）当回访潜在客户时，客户表示其朋友有购车计划。

应对方法：主动询问客户朋友的姓名、联系方式，留下详细信息，建立潜在客户信息档案，如图4-8所示。

参考话术："您是否方便提供您朋友的电话，我们可以联系他，向他详细介绍车辆的信息。"如客户表示不方便提供，"那是否方便留下邮寄地址，邮寄相关产品资料，便于您朋友了解信息，再次感谢您。"

（2）咨询车辆已经出保，再到4S店维修有什么好处。

图4-8　售后情况应对

应对方法：给出积极肯定的回答，并要举例说明。

参考话术："首先，在维修质量上的保障，我们4S店的维修技师都经过专业培训和技术指导，同时配备专业维修设备，保证了维修质量；其次，我们4S店提供的均为原厂备件，可以保证备件质量和使用安全，让您放心。"

（3）当客户担心个人信息会被泄露时。

应对方法：给出正面肯定的回答，并积极表明立场，请客户放心。

参考话术："您的参与将会是匿名的，我们将遵循行业规范，不会向任何与项目无关人员透露您的个人信息，请您放心回答。"

（4）客户表示在车辆购买或维修后会接到很多回访电话。

应对方法：首先要感谢客户的配合，态度要诚恳，同时要讲明回访的目的。

参考话术："非常感谢您的配合，我们的回访是为了了解您的服务体验以便收集您的意见和建议，使我们能及时改善，更好地为您提供服务。"

2. 客户投诉处理

（1）客户投诉分类。

按照客户投诉的性质可以分为两类：有效投诉；沟通性投诉。按照客户投诉的原因可以分为六类：汽车产品本身的质量投诉；服务质量投诉；维修技术投诉；备件质量投诉；服务价格投诉；客户另有企图的恶意投诉。按照客户投诉的反映渠道可以分为三类：一般投诉；重大投诉；恶意投诉。

（2）投诉处理原则。

先处理心情，再处理事情；不回避；第一时间处理；找出原因，控制局面，防止节外生枝、事态扩大；必要时请上级领导参与，运用团队的力量解决问题；在解决过程中，不作过度承诺，寻求共识，争取双赢。

（3）投诉处理流程（见图4-9）。

鼓励客户解释投诉问题，做好记录；确认投诉性质，判断事实真相；提供解决办法；公平地解决索赔；及时沟通解决方案；化抱怨为满意；检讨结果，做好记录。

图4-9　投诉处理流程

（4）投诉处理技巧。

一方面，稳定客户情绪，防止意外状况，处理投诉最关键的环节是要稳定客户的情绪。表示歉意，让客户放松，不争辩，换时、换地、换人、转移话题。另一方面，以诚恳、专注的态度听取客户对汽车产品、服务的意见，听取不满和牢骚。确认自己理解的事实是否与客户所说的一致，并站在对方的立场上替客户考虑，不可心存偏见。倾听时不可有防备心理，不要认为客户吹毛求疵、鸡蛋里面挑骨头；绝大多数客户的不满都是由我们工作失误造成的，即使部分客户无理取闹，也不可与之争执。必要时，认同客户的情感，对其抱怨表示理解。

职场园地

敬业与责任——服务精神

客户提车走了，并不意味着服务的结束。在售后跟踪过程中，我们常常担心打扰到客户，可以尝试用微信、短信等方式进行回访，随时关注客户的需求，耐心处理。售后服务不仅是提升客户满意度和忠诚度的关键，也是塑造品牌形象和口碑的重要环节。以下是关于如何做好汽车售后服务的一些建议。

1.建立完善的客户档案。在交车后，销售顾问应建立客户的详细档案，包括购车信息、车辆维修记录、保养提醒等。这样不仅可以更好地了解客户的需求和车辆状况，还能为客户提供更加个性化和精准的服务。

2.提供专业的保养和维修服务。建立专业的维修团队，提供高质量的保养和维修服务。在客户预约保养或维修时，要及时安排技术人员进行检查和维修，确保车辆保持良好的运行状态。同时，也要提供详细的维修报告和费用明细，让客户了解维修过程和费用情况。

3.定期回访和关怀。销售顾问应定期与客户保持联系，询问车辆使用情况，了解客户的需求和反馈。可以通过电话、短信、邮件等方式进行回访，同时也可以在客户生日、购车周年等特殊日子发送祝福和关怀信息，增强客户对品牌的认同感和归属感。

4.创新服务方式和手段。随着科技的发展和消费者需求的变化，售后服务也需要不断创新和改进。可以通过建立线上服务平台，推出移动应用，开展个性化定制服务等方式来提升服务效率和客户体验。同时，也要关注客户的反馈和建议，不断优化服务流程和体验。

实训准备

（1）场地准备：汽车营销仿真实训室。
（2）物品准备：笔、笔记本、文件夹、手套、接待桌椅、邀约电话、安全设备等。
（3）人员分工：5~6人/组。
（4）工作计划如下。
①学生5~6人分为一组，实训时以小组为单位，每组确定一名组长。
②组长组织本组同学按照实践活动要求进行实践演练，小组成员合理分工。
③小组成员角色轮换。
④小组组长和其他观摩人员为实践演练者评分并提出改进意见。
⑤教师对学生活动进行点评。

任务实训

实践活动：售后跟踪关怀。

售后跟踪电话关怀

活动名称	售后跟踪关怀	
班级	姓名	
活动目的	客户关怀能够有效提高客户消费体验，使满意度高的客户更加长久地忠实于企业，并可能主动尝试企业更多的新产品。销售顾问通过这项活动，学习客户关怀的意义和作用，了解各类关怀的内容和发送的时间节点	
活动情境描述	李先生是一位金融行业的理财顾问，通过参与店里的团购活动，决定购买比亚迪秦PLUS 2023款冠军版DM-i 120KM卓越型汽车，已经提车离店。作为售后专员，应该如何对李先生进行客户关怀	
活动过程话术	常见短信模板如下。 （1）刘先生，今天是您提车一周年，不知道这一年里您用车还满意吗？ （2）春节到了，马先生，祝您全家新春吉祥！ （3）客户生日问候：××先生/女士！您好！在您生日之际，送上诚挚的问候：生日快乐！祝你年年有今朝！岁岁有今日！ 售后跟踪短信模板如下。 （1）大型促销活动短信：炎炎夏季，××4S店8月大型促销活动即将开始，希望此次活动能给您一份惊喜！详情可以咨询：13×××××××。 （2）交车客户12小时的跟踪短信：××先生/女士，您好！恭喜您如愿开上爱车，期待以后合作更加愉快，如果您身边有朋友对某车感兴趣，望美言几句，可以介绍找我！您也会有一份意外的惊喜！（注：此条短信在客户回家的晚上6~7点发比较合适。） （3）交车客户24小时的跟踪短信：××先生/女士，您好！感谢您选择了××轿车，如果对××操作有疑问或需要车辆其他服务随时联系我！祝您及家人事事顺心！ 回访电话话术如下。 （1）售后专员交车7天内电话回访话术。 您好！我是比亚迪4S店售后专员。非常感谢您选择了比亚迪秦PLUS 2023款冠军版DM-i 120KM卓越型汽车！您的车是否已经上牌（此问题要核对客户信息再问。如果是没有领取合格证、没有开具发票的客户不宜提问此项目），登记车牌号码了吗？为了进一步给您提供更好的服务，我这边询问您几个关于此次购车满意度的问题，以便于我们不断改进自己的服务工作，大概需要5分钟时间，您看可以吗？（如果客户认为不便，就询问方便的时间以便再联系，挂线。）谢谢您的支持。请您对××年××月××日在比亚迪××4S店购车的情况，用1~5分（5分制）来评价您对以下内容的满意程度：5分为最高分，表示非常满意；4分为比较满意；3分为一般；2分为不太满意；1分为非常不满意。我们可以开始了吗？ 如果客户对产品质量有所抱怨，建议话术如下。 李先生，您所反映的问题我已经做了记录，真对不起，给您的用车带来了不便。您还有什么需要补充的吗？如果没有，我将马上联系售后部门的同事，他们会在24小时内联系您，并及时提供处理方案，现在我跟您核对一下您现在的位置，一旦需要现场诊断，我们可以及时赶去处理。如果有任何其他问题，您也可以询问售后服务部门的同事。稍后，我会把售后服务部门同事的联系方式用短信发送给您。李先生，再次向您表示诚挚的歉意。 （2）首保提醒话术。 ×××：李先生，很多客户在买车后非常关心维护费用问题，以及每次维护所要花费的时间。对于这个问题，我能用2分钟的时间向您做一下介绍吗？ 李先生：好啊。	

活动过程话术	×××：很多客户都希望能够在今后的常规维护中节省一些维护的费用，以及缩短每次维护的等待时间，提高交车的速度，不知道您是否也关注这一点？ 李先生：对啊，能节省时间当然更好了。 ×××：为了满足这些要求，确保您车辆维护时无停留、无等待，我们可向您提供预约维护服务，对预约维护的客户开通绿色通道。同时，为了鼓励预约维护，我们还专门为预约的客户准备了精美的礼品。 李先生：好啊！ ×××：为了让您能够更畅快地驾驶您的爱车，请您一定要记得首保里程是 5 000 千米。您可以在接近首保里程时给我打电话，我来帮您预约。 李先生：好的。 ×××：您有任何问题都可以随时联系我们，另外，我们会与您确认具体的维护时间，并为您做维护预约登记。感谢您对我工作的支持和鼓励，也希望您推荐朋友莅临我们展厅。

✎ 评价与反思

（1）实践活动评价表一：售后跟踪关怀。

班级		组号			
序号	评分要点	配分	个人评分	组长评分	教师评分
1	准备客户资料、手机等	10			
2	准备笔记本和笔，并放手机旁	10			
3	编辑短信或拨打电话前，核对客户资料	10			
4	发送短信或拨打电话前，先编辑草稿并核对	10			
5	电话言简意赅，回访内容表达到位，短信文字无错别字，标点符号使用规范	10			
6	在短信和电话中合理插入广告内容	10			
7	如客户回信能做到及时回复	10			
8	在笔记本上记录本次回访的过程，将本次工作记录上传系统	10			
9	应变能力：回复客户的应答内容恰当	10			
10	建立完善的客户档案，做好服务工作	10			
合计		100	总成绩：		

（2）如果客户在电话中表现出不耐烦的情绪，如何进行下一步的沟通？

（3）如果客户提出的异议暂时无法解决，如何化解？

✎ 任务小结

（1）客户跟踪的意义在于增加客户对服务的满意指数，了解客户的使用现状，淡化客户购车后的失落感，增加客户的信任程度，从而有利于实现保有客户。客户跟踪的方式有电话、短信回访及邮件、社交软件回访等。

（2）售后跟踪服务主要目的是进行客户维系，提高客户的到店维修、维护比例，并获得更多的增购客户和转介绍客户，包括定期回访、特别关怀、营销维系3个主要方面。

（3）定期回访包括离店2小时回访、3天回访、7天回访、首保提醒等关键节点；特别关怀主要包括生日问候、节日问候、天气关怀等方面；营销维系主要包括活动告知、促销推荐、续保提醒等。

（4）客户投诉处理原则包括六点：先处理心情后处理事情；不回避；第一时间处理；找出原因，控制局面，防止节外生枝；运用团队的力量解决问题；不作过度的承诺，寻求共识，争取双赢。

（5）处理客户投诉的流程：鼓励客户解释投诉问题，做好记录；确认投诉性质，判断事实真相；提供解决办法；公平地解决索赔；及时沟通解决方案；化抱怨为满意；检讨结果，做好记录。

课后习题

一、多选题

1. 售后跟踪的重要节点包括（　　　）。

A. 在汽车交付后1~3天内　　　　B. 客户第一次保养时

C. 每年客户生日时　　　　　　　D. 节日时

2. 客户投诉处理原则有（　　　）。

A. 第一时间处理

B. 找出原因，控制局面，防止节外生枝

C. 不作过度的承诺，寻求共识，争取双赢

D. 暂时忽略情绪，优先解决问题

二、判断题

1. 客户关怀为客户送去关心与祝福，所以可以随时进行。　　　　　　　　　　（　　　）

2. 售后跟踪服务的目的是通过定期的客户跟踪，加强客户的维系，让客户感到4S店的良好服务，提升回访率，让客户介绍更多的新客户。　　　　　　　　　　（　　　）

3. 售后跟踪处理异议的技巧：让客户回答自己提出的反对理由，提供资料，把反对理由变成购买理由等。　　　　　　　　　　（　　　）

4. 科学精神是一个国家繁荣富强、一个民族进步兴盛必不可少的精神。　（　　　）

5. 通过不断试错，不断验证，2019年5月，基于自主模块的碳化硅（SiC）控制器工程样机开发终于正式完成。　　　　　　　　　　（　　　）

拓展阅读

秉情怀　　强技术　　争创新

革故鼎新，开辟未来的科学精神

——SiC 控制器时代蓄势到来

一直以来，里程焦虑都是新能源汽车的关键问题，但随着高压电气技术的不断进步和快充时代的到来，将 SiC 一词推向了市场的风口浪尖。SiC 元件正在争夺电动汽车传动系统核心的 80% 左右的功率电子装置，包括将储存在汽车电池组中的直流电转换为车辆电动马达所需的交流电的主牵引逆变器；SiC 晶片还在电动汽车其他部分争取地位，如车载充电器和直流－直流转换器。从中国这个全球最大的电动汽车市场来看，上汽、广汽等车企已经开始布局 SiC 全产业链，这为国内供应商创造了宝贵的发展机遇。伴随着技术的进步、规模效应和产品良率的提升，SiC 也必然会凭借其优异的性能被更广大的下游客户接受。

拓展提升

请扫描二维码了解相关内容。

【革故鼎新，开辟未来】科学精神——SIC 控制器时代蓄势到来。

参考文献

[1] 周亚. 汽车销售实务 [M]. 北京：高等教育出版社，2019.

[2] 孙杰. 汽车销售实务 [M]. 北京：机械工业出版社，2016.

[3] 李燕. 汽车销售实务 [M]. 2版. 北京：机械工业出版社，2021.

[4] 申荣卫. 汽车销售实务 [M]. 2版. 北京：北京理工大学出版社，2019.

[5] 申荣卫，杨璐铨. 汽车保险与理赔 [M]. 2版. 北京：北京理工大学出版社，2019.

[6] 强添纲，孙凤英. 汽车金融 [M]. 北京：机械工业出版社，2016.

[7] 王再翔，贾永轩. 汽车消费信贷 [M]. 北京：机械工业出版社，2006.1.

[8] 张强禄，曾国安. 谈判与销售技巧 [M]. 3版. 成都：西南财经大学出版社，2006.3.

[9] 林凤，陈佳伟，赵一敏. 汽车营销策划基础与实务（配实训工单）[M]. 北京：机械工业出版社，2020.

[10] 罗静，单晓峰. 汽车销售技法 [M]. 广州：华南理工大学出版社，2012.

[11] 李刚. 汽车营销基础与实务 [M]. 北京：北京理工大学出版社，2009.

[12] 葛帮宁. 红旗：中国汽车人口述历史 [M]. 北京：中国工人出版社，2017.

[13] 葛帮宁. 东风：中国汽车人口述历史系列丛书 [M]. 北京：中国工人出版社，2017.

[14] "米级"精准感知－全球首个城市级车路协同平台亮相无锡 [N]. 新华日报，2018-09-16.